博物馆里的考古大发现

消失与传承

古罗马城 50 座遗迹
背后的传奇历史

[英] 保罗·罗伯茨　著
燕　子　译

中国科学技术出版社
·北　京·

图书在版编目（CIP）数据

消失与传承：古罗马城 50 座遗迹背后的传奇历史 /
（英）保罗·罗伯茨著；燕子译 . -- 北京：中国科学技
术出版社，2025. 6. --（博物馆里的考古大发现）.
ISBN 978-7-5236-1207-1

Ⅰ . K126-49

中国国家版本馆 CIP 数据核字第 2024YE5210 号

著作权合同登记号：01-2024-6009

策划编辑	王轶杰
责任编辑	徐世新　王轶杰
封面设计	中文天地
正文设计	中文天地
责任校对	邓雪梅
责任印制	李晓霖

出　　版	中国科学技术出版社
发　　行	中国科学技术出版社有限公司
地　　址	北京市海淀区中关村南大街 16 号
邮　　编	100081
发行电话	010-62173865
传　　真	010-62173081
网　　址	http://www.cspbooks.com.cn

开　　本	710mm×1000mm　1/16
字　　数	219 千字
印　　张	19
版　　次	2025 年 6 月第 1 版
印　　次	2025 年 6 月第 1 次印刷
印　　刷	北京华联印刷有限公司
书　　号	ISBN 978-7-5236-1207-1 / K·463
定　　价	128.00 元

罗马广场东端的再现图。
自此向西展望是卡比托利欧山
上的朱庇特神庙。

目录

4世纪30年代的古罗马城的空中鸟瞰再现图。城的外围是奥勒利安城墙，其中心是大角斗场，下面是卡拉卡拉大浴场；大角斗场的左侧是罗马广场，罗马广场的上面是一些皇帝们修建的广场，皇宫和大圆形竞技场在下方；最左方是马蒂乌斯校场，校场内有万神庙和图密善竞技场。

雄伟的丰碑式建筑铸就罗马

众所周知，古罗马城不是一天建成的。实际上，建成古罗马城耗费了几个世纪。建设古罗马城的幕后推手是其各代的统治者，尤其是走马灯式的皇帝们。他们实施政治和社会环境的政策，研发新技术，采用新型建筑材料，最终建成了古罗马城。这座城建成后，具有毁灭性的火灾频发，使古罗马城处在不断的动荡和演变过程中。大约在 10 年，这座帝王之都的公共建筑已经具备相当的规模，高薨巨桷，桂殿兰宫，但就在仅仅 50 年前，尤利乌斯·凯撒（Julius Caesar）基本上还看不上这座城市；在马克森提乌斯（Maxentius）统治时期，也就是在 310 年，这座城市就拥有了庞大的以混凝土做基础的建筑结构，而这一切却是奥古斯都做梦都想不到的。320—330 年，君士坦丁（Constantine）继任皇帝期间，那时的人们才有福气饱览本书将要探讨的当代大部分宏伟丰碑性建筑物，包括殿、堂、庙、塔（碑）、浴场、角斗场、剧场、城墙等无与伦比的辉煌建筑物。

在古罗马的社会生活中，很多事情都围绕着公开炫耀财富展开，这个过程自然而然地也展示着权力。古罗马的国王们以及随后罗马共和国的领袖们奉这些做法为圭臬，后来的皇帝们更将这种风气推向了极致。根据 1 世纪古罗马讽刺作家尤维纳利斯（Juvenalis）的记载，古罗马的广大民众除了吃饭外，就在赶赴各个竞技场，观赏赛马、赛车以及繁多的各式娱乐活动。当时，古罗马城万人空巷，民众尽情享乐。为此，古罗马须建有可举办这些活动的大型场地。当人们热情欢呼，注视着他们中意的骏马和马拉的战车在壮丽的大圆形竞技场（Circus Maximus）风驰电掣时，或在堂皇恢廓的大角斗场（Colosseum）观看角斗赛时，在皇帝与臣民之间形成

古罗马城高昂着高贵矜持的头颅，"犹如一株高高的翠柏，傲然睥睨着遍地蔓生的低矮灌木丛"。

——古罗马诗人维吉尔（Virgil，公元前 70—前 19 年）

了一种身份与权势交织在一起的复杂游戏场面，在场的所有人神奇地达成了高度一致与和谐。

历代罗马皇帝修建的大量雄伟里程碑式建筑，是展示权力的一种象征。对于这些工程的建设，正如考古学家和历史学家阿曼达·克拉里奇（Amanda Claridge）所强调的，它们"都负有政治目的。这些建筑是哪位统治者建设的，什么时间建设的，都极其重要"。当然，大型建筑更会使百姓倍感自己国家的强大，增强对古罗马自身文化的强烈认同意识，使古罗马人感到无比自豪和荣耀。老普林尼（Pliny the Elder，23—79，古罗马作家、自然哲学家，著有百科全书《博物志》，译者注）评价大圆形竞技场：正是"最伟大的君王"图拉真（Trajan）皇帝建成了这座建筑，它和其他建筑物一样"最适合举办各种赛事，这些赛事征服了太多民众的心"。所以在本书中，我们既会探讨大型重要建筑物本身，也会分析建设以及使用它们的人们。书中将会从这些非比寻常的雄伟建筑和古代文字资料入手，从不同角度讲述历史上相关的人和事。其中，皇帝们自然是当仁不让的主角，而民众也扮演着重要角色。

诚然，在所有的城市当中，古罗马城属于非常特殊的另类。古罗马诗人维吉尔咏叹道：古罗马城高昂着高贵矜持的头颅，"犹如一株高高的翠柏，傲然睥睨着遍地蔓生的低矮灌木丛"，罗马帝国的任何其他城市，甚至包括君士坦丁堡（Constantinople），无论是城市规模，还是人口数量，抑或是纯粹从建筑图景的复杂性和多样性来考量，都远远比不上古罗马城。在这幅广阔的建筑宏图中，有一部分是仅供天潢贵胄、高官显爵使用的，如位于巴拉丁山（Palatine Hill）的诸多座宫殿。之前我们虽然只是从书本上看到过这些宫殿，但即使如此，仍然感到雄伟逼人，极具震撼力。但恰恰就是眼前的这些地标性建筑物，当年的古罗马人天天见、天天用，承载着他们真正的盛誉赞颂、权柄荣耀。古罗马公共区域的各种标志性建筑物星罗棋布，从某种程度上说，这意味着它们成了民众生活的组成部分。在古罗马城，你找不到类同的建筑，诸如"还有另外一座神庙"。每一座丰碑式建筑物都有其独具一格的深远意义，都是为了某一特定事件而建，或者是为了纪念一位卓尔不群的盖世雄才，或是传播与民众有关的一个理念，内含不重叠，互相无法替代。在一个没有大众传播媒体的时代，此类公共空间和大型建筑担负着这样的功能，就显得弥足珍贵了。

对于本书将要探讨的 50 座古罗马纪念性遗迹，作者努力尝试去回答一些重要的问题，而这些问题往往是我们当代人所忽略的。为何而建？古罗马人在使用这些建筑时，会对他们的生活带来怎样的变化和乐趣，或者说修造这些建筑的人们如何从中受益。在这座城市和人们的日常生活中，以及遇到重大节日庆典时，这些辉煌的建筑将扮演什么样的角色？当时的建筑外观如何，为什么今天又会以眼前的模样示人，这中间经历了怎样的沧桑巨变？作者在书中摒弃简单枯燥的重述这些丰碑式建筑物历史的方法，把建筑物与历史的沿革有机地融汇在一起，把建筑与文化、宗教、技术进步、地理、民俗等方面结合起来，将台前幕后的故事娓娓道来，力求为读者带来独特的视角和耳目一新的感受。

在英文中，"Monument"（纪念性建筑物）是为了纪念一位人物或重要事件而修建的塑像或其他建筑形式。这个词源于拉丁语"Monere"，意味着"回忆、回想"，激发起人们脑海中的记忆。英语中的另一个单词"Memorial"（纪念碑，纪念馆；纪念仪式；纪念物等）表达的是与其基本相似的含义，它明显与"记忆"（Memory）联系在一起。所以"纪念性建筑物"就具备触发人们的思路，唤起对往事回忆的功能，把往事与现实联系在一起。这些建筑物，通常镌刻着大量文字，雕琢着不同风格的塑像，一清二楚地向世人展示明确的信息：主持修建这些建筑的统治者想向他的臣民灌输些什么。通常情况下，某座这类建筑物的重要意义不仅仅显示在其建筑结构本身，还蕴含在政治、社会或文化进展当中，当然这些内容是隐性的，表面上是看不见的。这些建筑今天所代表的最有价值的恰恰是对这些看不见的东西的反思，当然这些建筑物能保留到今天已实属不易。

为了使古罗马及其建筑物的这段史实别具新意，作者希冀尽可能了解海量的资料，这对实现作者的目标十分重要。考古学资料更加关键，现场的发掘和实地勘察结果能够对文学描述起到验证和驾驭的作用，尽管流传至今的文学描写往往具有较强的可读性，令人着迷陶醉。有时书中提及了一些关于纪念建筑物的新近发掘进展，但考虑到现在罗马的建设水平，不远的将来仍会有更多的遗址被发掘，当然，希望读者谅解的是，这些考古资料是经过作者必要挑选的。如此而来，我们就能够拼成一幅完整的拼图，阐明当年的这些重要建筑物是如何演变到当今的状态。此外，作者也希望填补我们其他知识和资料的某些空白。如今，关于古罗马时期的大部分历史阶段，人们已积累无数文字资料：渠道来源既有镌刻文字图案、硬币和民间日历，也有古罗马不同作者——历史学家、讽刺作家、诗人和百科全书撰稿者的著作，他们对记录史诗般的建筑物作出了不可磨灭的贡献。建设这些建筑物的人们自然功不可没，使用建筑物的百姓也是创造古罗马历史的一部分。如果研读过他们的作品，这些建筑物所蕴含的意义深深地震撼着我们，我们还会感到一众歌功颂德式建筑物在黄金时代所产生的非凡影响。

关于古罗马的著述卷帙浩繁，恒河沙数：从百科全书式的考古记录，如阿曼达·克拉里奇（Amanda Claridge）和菲利波·夸雷利（Filippo Coarelli）的著作（至今仍是同类著作中的尚品佳作），到游历这座永恒之城的旅游指南。今天，根据众多考古发现和学者们的研究成果，我们看待古罗马丰碑式建筑物的视角也在不断发生着改变。因此，人们常常乐见使用新颖且实用的方法将这些精彩的片段拼成完整的拼图，这张拼图就是古罗马全貌。

本书无意成为罗马所有重要地标性建筑物的一本旅游手册——它不可能对这座迷人的城市进行面面俱到的详细介绍。作者将在书中聚焦在古罗马城墙内发现的 50 座具有重要意义的历史遗迹，从多座剧场、神庙到浴池和道桥。所有这些古建筑遗迹现在全都对公众开放，无须取得特别批准（大部分遗址凭门票参观）。另外还要单独指出的是，古罗马城墙至今也依然令人印象深刻。这些古迹遗址的年代可追溯到公元前 600 年至 600 年初。公元前 600 年的古罗马是王政时期，由诸国王统治；600 年初古罗马独特城市生活的理念终结，同时这个时期也是中世纪的早期，出现了许多新生的事物，与过去的旧有现实发生着碰撞，有时会相当激烈甚至残酷，最终新生事物明显占了上风，走到了历史舞台中央。现在，我们就开始探究这些统治者和他们纪念碑式的建筑，尝试着更多地了解古罗马城和古罗马人。

4 世纪罗马广场的一幅再现图，朝向卡比托利欧山（Capitoline Hill）和主神朱庇特（Jupiter）神庙。中央广场最初是被几座长方形廊柱会堂和几座神庙分隔开来。斗转星移，岁月荏苒，更多的里程碑式建筑物又建了起来，其中有塞普蒂米乌斯·塞维鲁（Septimius Severus）拱门和一排纪念性廊柱，还有一些骑马的人像雕像。古罗马的中心区是史诗般的建筑物最密集的区域，在所有的纪念性建筑物中最具代表意义。

第 1 章

开端

罗马王政时期
（公元前 753—前 509 年）

努玛·庞匹乌斯
（Numa Pomplllus）

据传说，古罗马城的创建者是罗慕洛斯（Romulus）和雷慕斯（Remus），是特洛伊（Troy）城埃涅阿斯（Aeneas）国王的后代，古罗马的建城时间是公元前 753 年（具体是当年的 4 月 21 日）。事实上，在当时不可能看到一座街道整齐、公共建筑完备的古代城邦，可能是各种临时构筑的营地散落在古罗马的 7 座山丘上。在古罗马七王统治时期，罗慕洛斯是第一位国王，但湮没在了传说中。其他国王有历史上的形象为证，至少有两位出身于古罗马北部伊特鲁斯坎（Etruscan）富裕强大的诸城邦的贵族。古罗马城是由拉丁人组成的城市，被伊特鲁斯坎人统治了一段时期。

当时拉丁人的城邦有许多座，古罗马城只是其中之一。由于位于许多重要的贸易线路的交叉点上，还有一条能够通航的台伯河（the Tiber），古罗马城依据着天时地利，逐渐繁荣起来。这座城市分散在各处的基础设施被整合到一起，城市的污水通过排水系统被清除；罗马广场成了城市广场的样板；第一批公共建筑得以修建，尤其是壮观的朱庇特神庙。

朱庇特神庙

朱庇特神庙高耸入云，俯瞰着这座城市，堪称城内著名且重要的神庙。罗马后期的作家阿米亚诺斯·马尔塞里努斯（Ammianus Marcellinus）在 360 年描述道：这座神庙是世界上最完美的建筑。

右图：朱庇特神庙的再现图。如今，这座神庙消失得无影无踪，只有它庞大的建筑基础仅存了部分残迹。

下图：从古罗马时代至今，母狼哺育罗马奠基者罗慕洛斯和雷慕斯的形象一直是罗马的象征。这尊青铜雕像是教皇于 1471 年赠送给罗马，两个小婴儿是后加上的，但母狼雕像的年代颇有争议：通常认为完成于公元前 5 世纪伊特鲁斯坎人的统治时期，最近的科学分析表明它可能是中世纪雕刻的。

C.R. 科克雷尔（C.R.Cockerell）绘制的朱庇特神庙的想象图。这座神庙是人们敬拜神祇的核心、古罗马早期文献记录的宝库、得胜班师的将军们举行庆功仪式的场所，因而成为古罗马人身份认同的象征。

在古罗马人的日常生活、社会和身份认同中，朱庇特神庙占据着核心位置。罗马元老院的元老们每年的第一次会议就在这座神庙里召开。罗马的将军们攻克地中海地区后，为庆祝胜利，会在朱庇特神庙外举行阅兵仪式。后来，罗马皇帝也会出现在凯旋队伍中。

公元前 600 年末，古罗马的国王就开始主持修建这座神庙，他们非常重视这个项目。神庙采用了砖瓦结构，用青铜塑造了神像，还使用赤陶作为建筑材料，这些都堪称杰作。在塔昆二世（Tarquin Ⅱ the Proud）时，这座神庙终于完工，并于公元前 509 年落成使用，此时已进入新的共和时期。塔昆二世是古罗马最后一位国王，神庙落成时，他早已被驱逐。

这座建筑占地约 3850 平方米，为了给神庙腾出空间，卡比托利欧山不得不削平一部分。朱庇特神庙是典型的伊特鲁斯坎风格，建有一座前门廊，竖立着一排排廊柱，殿堂正面修造有一座楼梯。神庙所处区域点缀着神态各异的雕像、神圣的神龛和各式虔诚的献祭，而神庙本身被色彩斑斓的陶瓦制成的雕像和匾额装饰着。朱庇特神像由伊特鲁斯坎的能工巧匠乌尔卡（Vulca）用五彩陶瓦制作。

神庙的内殿供奉着 3 位神祇，朱庇特居中；他的妻

"我们穷得叮当响时，大家规规矩矩，和平相处，突然有一天我们给主神朱庇特神庙的房顶也涂上了金子时，内战爆发了。"

——塞涅加（SENECA）

凯旋队伍

凯旋行进队伍由一位战功卓著的将军率领，场面华美而极富戏剧性。这位将军坐在战车上，为模仿早期的朱庇特雕像，他的脸被涂成红色。得胜队伍自豪地向围观者展示了战利品——金银币、金银块、众多的雕像、绘画作品，甚至还有奢华的家具和挂毯。战利品中当然还包括沦为奴隶的俘虏：被俘虏的敌方指挥官及其家庭成员、矿工、耕农和家庭用人。此外，俘虏中还有一些雕塑家、画家、建筑师，甚至厨师等专业人员。所有这些开始改变古罗马社会。

朱庇特神庙主要供奉着这 3 位神祇：朱庇特、朱诺和密涅瓦，雄鹰、孔雀和猫头鹰陪伴在侧。

子，即天后、婚姻女神朱诺（Juno）居左；女儿密涅瓦（Minerva），即智慧女神居右。他们就是"卡比托利欧山三神"（Capitoline triad）。内殿的地板是精美的洁白镶嵌画（马赛克），这是在古罗马城首次大规模使用这种工艺，可谓美不胜收。公元前 146 年，古罗马征服了迦太基（Carthage）城邦，从那里掠夺了大量黄金，因此，古罗马人给神庙的天花板镀上了黄金。随后，屋顶所用的青铜瓷砖上也使用了黄金。随着古罗马人在战场上的节节胜利，朱庇特神庙也展现出古罗马的富有，其外在形式也更加招摇。古罗马哲学家、政治家和剧作家塞涅加（Seneca）指出：这充分表现出古罗马一夜暴富。他辛辣地讽刺道："当我们穷得叮当响时，大家规规矩矩，和平相处，可我们突然有一天给朱庇特神庙的房顶涂上了金子时，内战就爆发了。"

马可·奥略留（Marcus Aurelius）在一座凯旋门前的浮雕形象，展现出这位皇帝将要向朱庇特献祭。他站立在神庙前方，这是一种标准的背景：廊柱不多，但建有三座大门的神庙清晰地展现在人们眼前，这显然是有意而为之。

朱庇特神庙内有无数的财宝——各种金银祭品、青铜制成的档案，档案记载了古罗马的对外征服的战功以及签订的各种条约，还有古罗马神谕《西卜林书》（the Sibylline Books）。这部神谕是国王塔昆一世（King Tarquin Ⅰ）向那不勒斯附近的库迈（Cumae）阿波罗神庙的女祭司或女巫们求购的。国王在作出重大决策之前或者濒临险境时，会求得神谕的指点。不过悲哀的是，当朱庇特神庙于公元前 83 年被大火焚毁前，并没有预测到自身的灭亡。古罗马执政官苏拉（Sulla，公元前 138—前 78 年）将未建成的雅典宙斯神庙里的圆立柱运到古罗马城，重建了朱庇特神庙，凸显了现在是由古罗马而不是雅典主宰的局面。后来，罗马的第一任皇帝奥古斯都设法寻找到《西卜林书》的一份代用品。为安全起见，奥古斯都将这份代用品运至他在巴拉丁山（Palatine Hill）建的阿波罗神庙（Temple of Apollo）妥善保管。事实证明这是一个英明的决断。

尼禄（Nero）皇帝死后，各路豪门贵族陷入了混乱的权力争斗中。69 年，朱庇特神庙再次被损毁。韦斯巴芗（Vespasian）皇帝在重建这座神庙时，神庙自身发生了一起大火，将在建的神庙付之一炬，时间是 80 年。但在 1 世纪 80 年代末期，图密善皇帝（Domitian）再次重建了这座神庙，之后神庙存续的时间较长，超过了图密善皇帝的寿命。重建的神庙采用了雅典出产的大理石，几座大门和屋顶瓦都经过镀金处理，雄伟辉煌，是典型的科林斯式建筑风格，充分展现了皇帝的威严。与之前一样，重建后的神庙一如既往地气宇轩昂、宏杰瑰丽，廊柱的高度都超过 20 米，内殿摆放着用镀金青铜和象牙雕制而成的三神（朱庇特、朱诺和密涅瓦）巨大雕像。

朱庇特神庙于 390 年关闭。455 年，日耳曼部落的汪达尔人洗劫了罗马，抢走了流金溢彩的屋顶瓦。390—455 年，神庙基本保持完整。后来，统治者基于公民的象征意义、凝聚人心的考虑，进一步修复了朱庇特神庙，但不再拥有任何宗教的重要内涵。但在 571 年，拜占庭委任的罗马总督移出了所有遗留下来的雕像。自此，朱庇特神庙从历史的记录中悄无声息地淡出了。直到 12 世纪，才有一位作者简略地提及神庙的遗迹。在 16 世纪和 17 世纪，人们发现了一些巨大的廊柱和神庙的其他遗弃物，朱庇特神庙的遗留物都很庞大，所以，即使其中较小的部分都能用来雕刻完整的雕像，比如圣玛利亚和平大教堂（Santa Maria della Pace）的那些雕像。

神庙遗迹只有一小部分保留在地面上，但卡比托利欧山博物馆（Capitoline Museums）的几座釉质的宽敞庭院是由大块石灰地基建成的。这只是原来神庙墩基的局部，却让人感到这种墩基无穷无尽，以至于考古学家在 20 世纪 90 年代发掘该区域时，竟误以为找到一座巨大的广场。

城市排水系统

纵有残留的遗迹，也谈不上会比朱庇特神庙更加引人注目，然而这充分说明古罗马之所以扩展到了 7 座山丘之间的区域，主要原因在于场地能够迅速排干，这也是城市排水系统的功劳。这套系统是历代古罗马国王在公元前 500 年修建的，穿过了罗马广场和牲畜市场，从苏布拉（Subura）贫民窟直到台伯河都能受益。起初，这套排水系统主要是用来疏通古罗马低洼地区的积水，当然它也能排出暴雨造成的大量积涝。后来，一些主要的公共建筑如浴池和剧场排放的污水也通过这套排水系统排出。

　　不过，大部分个人住所或平民住宅并没有与城市排水系统连接，这些建筑反而依赖居家盆罐和污水坑。此事关乎古罗马人日常生活的方方面面，因此自然而然也需要一尊神灵来护佑。或许让人意外的是，人们竟然选择了维纳斯女神（Venus）掌管此事。众所周知，维纳斯是象征着爱和美的女神。既然如此，维纳斯女神也坦然担起护佑苍生的重任。在罗马广场，甚至也有一间小的圣所专门供奉排水女神维纳斯。国王主持修建的排水管道非常宽敞，管道内可以容纳一辆装满干草的马车通行。元老院的代表马可斯·阿格里帕（Marcus Agrippa），即奥古斯都的女婿，负责重修了城市排水系统。完工后，他乘船视察了该系统。

B

VEDUTA delle antiche Sostruzioni fatte da Tarquinio Superbo dette il Bel Lido, o come altri erette da Marco Agrippa a'tempi d'
Augusto, in occasione, ch'Egli fece ripurgare tutte le Cloache, fino al Tevere. A Sbocco della Cloaca Massima al medesin

城市排水系统一瞥。这也是古罗马的下水道，污水由此排入台伯河。此图由乔瓦尼·巴蒂斯塔·皮拉内西（Giovanni Battista Piranesi）在1748—1778年绘制。

B *Tempio di Cibele, o come altri d'Ercole, il quale era situato nell'antico Foro Boario.*　　C *Avanzi delle antiche*
D *Monistero e Chiesa di S. Alessio.*　　E *Priorato della Sagra Religione di Malta.*　　　　　　　　　　*Saline.*
　　Cav. Piranesi F.

罗马共和国
（公元前 509—前 27 年）

在共和国时期，古罗马城变为当时强大的城邦，闻名于世。

公元前 509 年，塔昆二世遭驱逐，古罗马成了共和国，由两位统治者共同治理：一位是罗马元老院推举的执政官，另一位是罗马平民选出的代表，即"罗马元老院与人民"（Senatus Populusque Romanus），其首字母的缩写"SPQR"被镌刻在官方建筑和公共建筑上，成了一种强有力的符号，代表着古罗马是由"元老院和人民共同治理"。在共和国时期，古罗马城从一座重要的区域中心变为当时强大的城市。古罗马最早与拉丁城邦结盟（或征服），随后结盟对象扩展到了意大利中部地区，征服了萨谟奈人（Samnites）和伊特鲁斯坎人。公元前 200 年，古罗马占领了意大利半岛和众多岛屿中的大部分。仅仅过去了 1 个世纪，古罗马控制了地中海的大多数区域。公元前 146 年是辉煌且具有里程碑意义的一年，古罗马击溃了古希腊诸城邦的科林斯（Corinth），还征服了迦太基，使这个强大的城邦国家遭到了彻底覆灭。

在共和制的大部分时间，古罗马几乎一直在持续不断地进行各种征战——当地人之间的、民族内部间的、跨民族之间的以及一般平民之间的纷争，无奇不有。鉴于这种动荡的局势，人们自然就想到修建城墙来保护自己，抵御敌人（并不指建于 270 年的环城城墙）。此起彼伏的战争对古罗马产生了巨大影响，连连凯旋使古罗马逐渐强势，征战的胜利攫取的巨额钱财、众多奴隶和无数艺术品全都一股脑倾泻进了古罗马城。这些人员、财富和艺术品等在文化上、艺术上潜移默化地改变着古罗马城。与此同时，由于分赃不均，在富有的元老们与战将们之间，也在元老、将军与不享受特权的阶层之间酿成了妒忌和祸根。最终，长期积累的这些矛盾和紧张关系的恶化导致了内战的爆发，彻底葬送了罗马共和国。

在共和国时期，与古希腊的许多城邦比起来，古罗马城的标志性建筑不是很多，也不宏伟壮观。古罗马人比较青睐各座神庙，因为他们崇拜的众神以及与众神同等重要的祭祀典仪在生活中起着极其重要的作用。这个时期的神庙往往成群建设，就像在阿根廷广场（Largo Argentina）那样，后来皇帝所建的神庙单独存在，周围被柱廊和连拱廊环绕，尽显威严。其实，统治者为了乞求诸神灵的保佑，免遭危害，比如瘟疫，特意修建这些神庙，以感谢神灵的护佑，尤其是将迦太基夷为平地、彻底挫败劲敌以及征服古希腊东部后更是如此。

阿根廷广场里的神庙建筑群。20世纪20年代，当中世纪和文艺复兴的建筑被清除时，这座建筑群就显露了出来。前景中的两座神庙在被发现时仍然矗立着，而当时的发掘工作发现了另外两座神庙和其他建筑。

大约自公元前 180 年或前 170 年，罗马的社会发展开始变化。财富、奴隶（包含技术娴熟的劳工和手工艺人）以及越来越多的专门技术知识从被占领区输入古罗马城，许多壮观、新颖的建筑群被建成，其开销超过了之前的任何时期。重点建设的自然是神庙，这个阶段所用的是价格愈加昂贵的建筑材料，例如用帕罗斯岛（Parian）产的白色大理石修建赫丘利斯胜利者神庙（Temple of Hercules Victor）。此外，古希腊风格的建筑也在古罗马开始出现，例如带柱廊的门廊和初次修建带走廊的长方形会堂（法庭和类似于当代的财政金融中心）。

在建造里程碑式建筑物这个热潮中，贵胄显爵总是引领建设项目之先。在共和国时期的最后 1 个世纪，这种情形尤其突出。当时苏拉（Sulla）、庞培（Pompey）和尤利乌斯·凯撒（Julius Caesar）等巨头更加热衷于用歌功颂德式建筑物强化他们的地位，达到其政治目的。

阿根廷广场

罗马共和时期保留至今状态最为完好的神庙建筑群位于阿根廷广场，那里呈现出完整的中世纪城市风景，有数座高塔、宫殿和教堂。这种情形一直持续到 1926 年，当时墨索里尼（Mussolini）派了拆除人员进入阿根廷广场。现在这个地区车水马龙。此地是古罗马一个重要的宗教中心，拥有多达 6 座神庙，其中一座是古罗马城同类神庙群中最大的，成为一个主要焦点，人们到这里来敬拜神灵，乞求获取无穷的神圣力量。其中现存的 4 座神庙都可以看到，它们的初次修建时间在公元前 3—前 2 世纪，后来陆陆续续的改造和重建采用了风格各异的石工技术，提高了道路铺砌的标准。2023 年，这 4 座神庙所在的区域已经完成保护措施，更加容易辨认，现在已对公众开放。相关人员从在现场发现的遗迹中选取了一些，举办了一个展览，其中就包括两尊巨大雕像的头像。

要认清分辨这些神庙并不容易。各种铭文、雕塑以及罗马作家的简短论述成为识别这些神庙的一种尝试性的手段，通常用在神庙 A 至 D 上。长方形的神庙 A 在公元前 250 年或前 240 年落成，奉献给春之神朱特娜（Juturna），她也是古罗马保护神卡斯特与帕勒克（Castor and Pollux）的姐姐。其棕绿色石灰华支撑的圆立柱表面比较粗糙，曾被涂上闪闪发亮的灰泥。建有圆形屋顶的神庙 B，代表着古希腊风格，大约在公元前 100 年由鲁塔提乌斯·卡图卢斯（Lutatius Catulus）建成启用。鲁塔提乌斯·卡图卢斯是一位军事统帅和政治领袖，他的儿子主持重建了朱庇特神庙。一尊福耳图那（Fortuna Huiusce Diei）的巨大头像有 1.5 米高，就在神庙 B 的旁边被发现，表明这座神庙是敬献给今日之幸运女神福耳图那的。最初，她的头部和四肢接合在一个木质的躯干上，木质躯干的表面镀上了青铜。神庙 B 也是一座艺术博物馆，内有一座雅典娜（Athena）塑像，塑像由杰出的菲迪亚斯（Pheidias）于公元前 5 世纪雕刻。菲迪亚斯是奥林匹亚山诸多宙斯（Zeus）雕像的创作者，他还雕刻了位于雅典的帕台农神殿（Parthenon）内的雅典娜雕像。

宗教与日常生活密切相关。神庙 A 和神庙 B 之间的小型建筑可能是管理城市水务的政府机构的总部。神庙 C 或许是祭拜费罗尼亚（Feronia）的。她是一位古代意大利的女神，与朱诺有亲属关系，费罗尼亚的赤土装饰可追溯至公元前 290 年或前 280 年。神庙 C 因此成为 4 座神庙中历史最悠久的一座。神庙 D 是迄今为止最

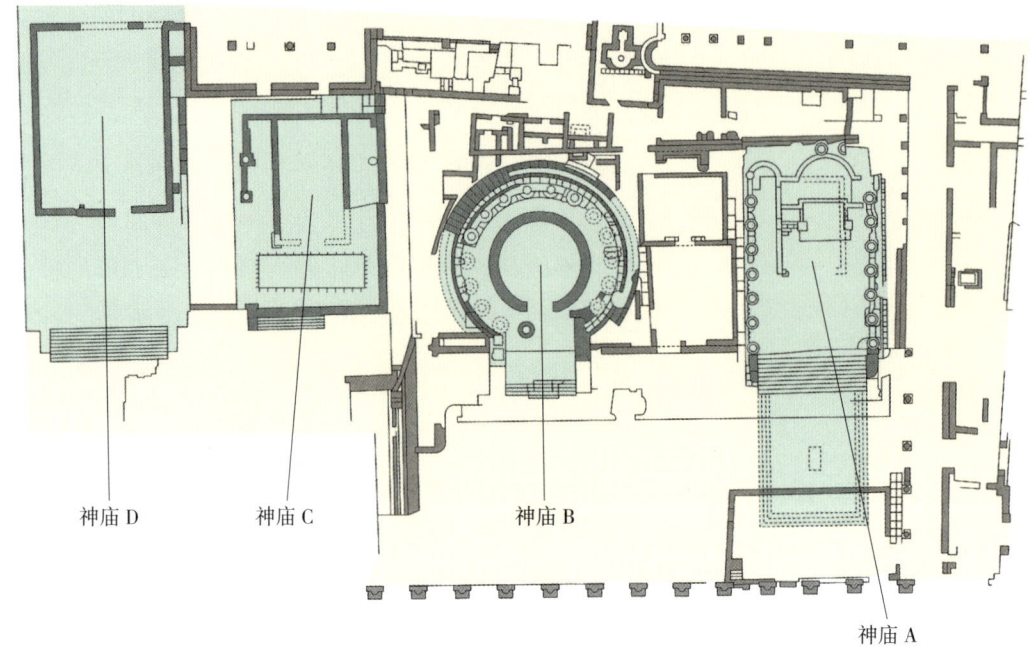

神庙 D   神庙 C   神庙 B   神庙 A

大的神庙，局部被埋在这座现代广场的下面（现有人声称这座神庙是罗马最大的流浪猫栖息藏匿处，因此闻名遐迩）。

庞培剧院后面带柱廊的广场有一些痕迹遗留了下来，背靠着这片神圣的区域。神庙 A 的背面是一座又长又窄的公共厕所，厕所没有分隔间或隔离墙（现代意义上的隐私概念不适用古罗马）。神庙 B 的后面是一座大会堂乱糟糟的地基。公元前 52 年位于罗马广场的元老院被众多暴徒焚毁后，元老们在这座大会堂召开会议。公元前 44 年 3 月 15 日，凯撒在此遇刺，死在庞培雕像的脚下。今天，这里巴士和有轨电车来来往往，与往昔大相径庭。

5 世纪，这片区域开始变化。神庙 C 和神庙 D 的圆立柱被拆除，用在新建的基督教教堂上，这个地区成了一座修道院的财产。自 10 世纪的前几年，神庙 A 被

上图：平面图展示了阿根廷广场里的神庙群。神庙 A 至 D 供奉的可能是春之神朱特娜、今日之幸运女神福耳图那、水手守护神费罗尼亚和拉雷斯·珀玛利尼（Lares Permarini）。

对页上图：在神庙 B 附近发现福耳图那的头像，可能是祭拜用的塑像的一部分，头部用大理石雕成。

公元前 44 年 3 月 15 日，正是在此处，凯撒遇刺，倒在了庞培雕像的脚下，含恨离世。

右图：位于卡尔塞里（Carcere）的圣尼古拉教堂。在教堂内部，希望神庙（Temple of Hope）的圆立柱清晰可见。这里共建有 4 座罗马共和时期的神庙，这 4 座神庙曾经坐落在蔬菜市场的河畔。

改建为一座教堂；中世纪的湿壁画和半圆形室保留到了现在。这座教堂的名称为"卡尔卡拉里奥的圣尼古拉"（San Nicola de Calcarario）意味着"石灰窑的圣尼古拉斯大教堂"（St Nicholas of the Lime-Kiln），表明这是一段令人心酸的回忆。

纵然如此，现今的罗马依然还有其他共和时期的多座神庙保留了下来。在卡比托利欧山的山脚下，有一座称为蔬菜市场（Forum Holitorium）的区域。在蔬菜市场内，建有 4 座神庙。这 4 座神庙建在公元前 250—前 190 年，此期间古罗马与宿敌迦太基和其他敌方正在进行着激烈的战争，建神庙的目的是希望求得诸位神灵的保佑，古罗马军团能够得胜还朝。其中的 3 座神庙：希望（Spes）神庙、救世主朱诺神庙（Juno Sospita）和雅努斯（Janus）神庙的多个部分，最终都被合并成了位于卡尔塞里的圣尼古拉教堂（San Nicola in Carcere）。

其他神庙和圣殿群在巴拉丁山（Palatine Hill）的山脚下陆续建了起来，这个范围并不是一个神庙祭祀区，而是一个实际功能区，称为 Forum Boarium，其字面意义是"牲畜交易广场"。这是一个重要的集散地和商品交易中心，建有一座河道港口、多座码头和仓库，牲畜的交易就在此地进行。畜群既可被宰杀成为罗马人的饱腹之物，又可被宗教的信徒们当作祭祀用的献祭牺牲品。这座广场也承担金融中心的功能，业内人员在这里从事相关活动。这些遗迹是人们在 20 世纪 20 年代发现的。

这座广场与半神赫丘利斯、牲畜的关系紧密。在神话中，这位大英雄在西班牙盗取怪兽革律翁（Geryon）的牲畜（Tenth Labour）后，十分疲惫，在台伯河边休憩。正当他熟睡时，吃人妖魔卡库斯（Cacus）又盗走了这些

当时，对牲畜交易广场（Forum Boarium）进行了大张旗鼓的重建，并因此而得名。图的左侧是长方形的波图努斯神庙（Temple of Portunus），俯瞰着附近的河道港口；右侧前景中显眼的位置是赫丘利斯胜利者神庙，赫丘利斯专门护佑着畜群和牧人们，因此与这座广场关系紧密。

牲畜，将牲畜往回拖，因此没有留下任何可追索的痕迹。赫丘利斯非常睿智，并没有被哄骗住，他杀死了卡库斯，在这个位置修建了巨大的赫丘利斯圣坛，迅速把刚被他夺回的牲畜当作了祭品。后来，其他神庙和圣殿陆续修建起来，整个区域就成了神圣的赫丘利斯专属之地。

赫丘利斯胜利者神庙

港口之神波图努斯的神庙呈长方形。在这座神庙的不远处，有一座近乎完整的圆形神庙，这几乎就能肯定

是赫丘利斯胜利者神庙，又名赫丘利斯·奥利弗利乌斯神庙（Temple of Hercules Olivarius）。这座神庙的直径大约 15 米，与罗马广场上的维斯塔神庙（Temple of Vesta）的直径差不多，维斯塔神庙的外观成了其他神庙的一种样板。赫丘利斯胜利者神庙始建于公元前 2 世纪中叶，之后历经了多次重建，尤其是在 15 年被一次大水冲垮后，罗马皇帝提比略（Tiberius）重建了这座神庙。重建后的神庙外观呈圆形，是典型的古希腊风格，然而不寻常的是这座神庙所采用的建筑材料是大理石。古罗马首次用大理石做主要材料时，建造了一批神庙，赫丘利斯胜利者神庙就是其中之一。其中大部分是雅典潘泰里克所产的白色大理石，身价不菲。古罗马甚至从雅典进口大理石模块，请古希腊工匠到罗马组装，造就了古罗马

上图：赫丘利斯胜利者神庙。大约建于公元前 140 年，是古罗马第一批全部用大理石建造的神庙。

第一座在平面组装好建材后再装配到适当位置的神庙。古罗马在战胜了古希腊后，这种做法就成了被古罗马征服的地区反向对古罗马产生重大影响的一种标志。

赫丘利斯胜利者神庙后来有幸被改建成一座基督教教堂，从而保留了下来。这就是"制作马车的圣斯蒂芬大教堂"（Santo Stefano delle Carrozze，该教堂因附近曾经坐落着多家马车制作工坊而得名）。到了 19 世纪，这座教堂改为俗用。后来墨索里尼派人拆除了周围的建筑，只留下这座教堂孤零零地立在那里。

台伯岛

在古罗马城与台伯河中间，横亘着台伯岛。对古罗马人来说，台伯岛只是个半岛而已。在现实当中，它是河流泥沙淤积的产物。据传说，公元前 509 年，最后一任国王塔昆二世被逐出古罗马城后，台伯岛就完全呈现在世人面前。人们疯狂掠夺了他的财产，收割他的庄稼，诅咒他，将他的东西统统摔到台伯河里，上面覆盖了淤泥，就形成了这座台伯岛。还有一个说法更耸人听闻：塔昆二世就埋在岛的下面。

台伯岛还与古罗马人的生命健康息息相关。公元前 290 年这里发生了一起瘟疫，当时横尸遍野。古罗马派使者赶到医药之神阿斯克勒庇俄斯（Asclepius）的神庙所在地埃皮达鲁斯（Epidaurus）。使者们乘船返回时，船上有一条蛇，它是阿斯克勒庇俄斯的神灵动物。当船快要抵达台伯岛时，这条蛇突然跳入水中游到岛上。随后，瘟疫就被遏制住了。因此，人们特地建了一座阿斯克勒庇俄斯神庙。如今，这座神庙可能就在现存的圣巴托洛梅奥（San Bartolomeo）大教堂的下面。神庙建成后，人们来此祭拜，乞求健康、平安，神庙被柱廊环绕起来，

上图：镀青铜的赫丘利斯雕像，于 15 世纪 70 年代，被人们在牲畜交易广场发现。迄今为止，这尊雕像保存完好的程度令人震惊，表明当初人们把它当作古迹进行了精心处理，之后才埋入地下。

台伯岛和周边区域的空中鸟瞰图。古代的台伯河被古罗马人视作一位神祇，同时也是一条重要的运输通道。到了现代，人们为了预防大水泛滥，免受洪灾损失，大规模筑堤防护。因此，它的水路运输功能大大削弱。

台伯河

　　无论从哪个方面说，台伯河都处在这座古老城市的中心位置。台伯河被赋予了神性，人们按照它的意愿祭拜它。台伯河也是古罗马各种神话传说的根基和源泉，罗慕洛斯和雷慕斯兄弟婴儿时就是被遗弃到了台伯河里，河水把他们冲到了巴拉丁山的山脚下。台伯河在古罗马人的历史上扮演着极其重要的角色，它既是战时一道坚固的防御屏障，又是和平时期人员和物资的一条主要运输通道。尽管洪灾频发，屡屡造成了重大灾害，但古代台伯河的适航特性以及作为横跨河两岸的一座重要渡口，都促进了古罗马城的繁荣昌盛、兴旺发达。直到 19 世纪，台伯河的洪水泛滥才最终得以根治。

相当于一座医院。今天，台伯岛上有一家医院。19 世纪
罗马人在疏浚河道时，发现了无数赤陶许愿物，这是几
个世纪来，成千上万的人们到此朝圣留下的痕迹。

对页图：大致在 100 年，古罗马重建了台伯岛，此图是当时重建的想象图。这座岛是医药之神阿斯克勒庇俄斯的圣地，阿斯克勒庇俄斯神庙（起到医院的作用）今天依旧清晰可见。台伯岛的前方极像一条船，将人间传说与医药神祇连在一起。

希斯图斯桥与法布里修斯桥

法布里修斯桥还建有两根四头的壁柱，矗立在矮护墙的最远端，因此这座桥又名四头桥（Ponte dei Quattro Capi）。壁柱上刻着雅努斯的形象。不过，这座桥还有其他称谓——"犹太人之桥（Ponte dei Giudei）"，表明它与犹太人居住区相邻。从尤利乌斯·凯撒的时代开始，它或多或少地保持了自己的完整性，一直持续到当下。它的幸存有很多诀窍，其中一个就是建桥时采纳了精巧的建筑工程技术。这座桥的两座拱门呈现精确的半圆形状，能将各个方向的压力或推力最大限度地向四周发散。另外，拱形开口嵌入了中心码头，在末段还建了两座稍小一些的开口（它们现在已融入 19 世纪的围堤筑坝工程中），使河道水流更加通畅，降低水流对桥体的压力。

古罗马城不断扩张，交通需求不断增加，所以需要更多的桥梁。罗马帝国末期，已有 7 座横跨台伯河的桥梁，其中 3 座完好地保留至今，这 3 座桥有两座跨河桥

右图：法布里修斯桥连通了台伯岛和东岸。由于设计上采用了拱形的开口，大大降低了洪水冲击桥身的压力，因此这座桥得以幸存至今。当初，卢修斯·法布里修斯的名字镌刻在了桥上，至今清晰可见。

保存到现在的罗马共和国城墙遗迹，仍然有 8 米高，以罗马王政时代第 6 任国王塞尔维乌斯·图利乌斯的名字取名。这张照片展示了城墙的内部结构，不是原来看到的起支撑城墙作用的大土堆。

和 1 座通往哈德良陵寝的艾利安桥（the Aelian Bridge）。这些桥不仅方便游人横跨台伯河，还使人们从现实世界跨越到一个神圣的世界（台伯岛），所以这几座桥都由神职人员管理。大祭司（Pontifex maximus），这个头衔在罗马帝国期间被授予了皇帝，后来皇帝又将大祭司头衔转授予给了历任教皇。

共和国城墙

古罗马能人辈出，但兵连祸结，各种社会矛盾交织，所以古罗马城需要有效的防卫。历代国王都修建城墙，可能是塞尔维乌斯·图利乌斯（Servius Tullius）在公元前 6 世纪中叶开创了环古罗马城修城墙的先河。他将古罗马城大幅度向外扩展，希望保护这座城市。

凯尔特人中的塞农（Senones）部落在公元前 390 年洗劫了古罗马城。因此，罗马共和国在 380 年或 370 年修建了城墙，如今已破败不堪。这部分城墙取名塞尔维亚城墙（the Servian Walls），令人费解。城墙环绕一周超过了 11 千米，覆盖城墙内的面积为 425 公顷。城墙高 10 米，宽 4 米，墙内修筑了一系列大土堆，支撑着外城墙。城墙中有些石块还带有石匠留下的印记，使用的是古希腊字母，说明古罗马从境外引进了专门技术，或已有境外人员定居在古罗马城。这些城墙起到了良好的防御作用。后来，随着帝国及其统治的（相对）稳定，城墙慢慢退出了历史舞台。所以，当修筑其他重要建筑物时，就从塞尔维亚城墙拆除石料当作建材，或者就混建在其他建筑物里，而内城里的土堆特别适合修筑葡萄园。很多门都保存了下来，当作象征性边界和多条罗马道路的终点。

在 19 世纪和 20 世纪，罗马古城墙向外延伸的部分被人发现，有一些仍然裸露在地面上。最长而且保存最好的城墙有好几处，高达 9 米，位于罗马的终点火车站（Rome's Stazione Termini）的界限之外。这是一座主要的火车站，站内有几家麦当劳餐厅，有一小段城墙遗迹就保存在其中一间麦当劳餐厅内。

凯撒的新广场不仅满足了对额外空间的实际需求，还使它的建设者光耀千秋。

尤利乌斯·凯撒
（公元前 100—前 44 年）

在罗马共和国的末期，大约公元前 50 年代和 40 年代，出现了一些超群拔萃的盖世雄才，盖尤斯·尤利乌斯·凯撒（Gaius Julius Caesar）就是其中的一位，他对古罗马和世界都产生了极其深远的影响。凯撒是古老的尤利（Iulii）家族的后代，号称是传说中维纳斯女神的后裔——后来的历史证明，这个家族的门第血脉就像一把双刃剑，既涌现了像凯撒这样的帝王，又遭受了无穷的灾难。通过捷报频传的军事征讨、成就斐然的外交斡旋以及手腕娴熟的幕后操纵，凯撒晋身、自立为全罗马无人敢公开反对的统治者。公元前 44 年，凯撒宣布自己为掌握绝对权力的终身独裁官，修订了古罗马日历，甚至还把他的情妇——古埃及托勒密王朝末代女王克娄巴特拉（Cleopatra of Egypt）带到了罗马。

在这个时期，古罗马的建筑越来越政治化。公元前 55 年，当权势熏天的将军庞培（Pompey，尤利乌斯·凯撒的主要政敌）在古罗马城落成了首座永久性剧场时，他很明智地在剧场座位的顶端建造了一座凯旋维纳斯神庙（Temple of Venus Victrix）。这个举措使得整座剧院建筑群更加神圣化，有力反击了对他有关不道德和"非罗马化"的指责，而这些指责影响了先前的几座剧院项目的进展，导致这些项目饱受困扰，还将元老院的会议地点设在那里。元老们在门廊（现在是阿根廷广场的一部分）背面的一座壮观轩敞的大厅召开会议。公元前 44 年，凯撒在此地遭暗杀身亡。

　　为了挫败庞培剧场的锋芒，凯撒接二连三地建造了一系列重要的建筑物，此举为他赢得了具有里程碑意义的赞誉，而这正是凯撒所渴望的。这些歌功颂德式建筑物中就有他自己的剧场［在奥古斯都手上完成时已改名马塞卢斯（Marcellus）剧场］；在罗马广场内，他建设了一座气势恢宏的长方形会堂（尤利乌斯长方形廊柱会堂），这是为演讲者修建的讲坛，凯撒还修筑了一座新的罗马元老院。另外，为了彻底消除洪灾，他还筹划着对台伯河进行筑堤防护（直到 19 个世纪后，这项工作才正式完成）。不过遗憾的是，他并没有活着看到这些工程的规划变为现实。公元前 44 年 3 月 15 日，凯撒的友人马库斯·尤尼乌斯·布鲁图斯（Marcus Junius Brutus）暗中纠集了一批人暗杀了他。凯撒的遇害最终使古罗马已经连续百年的内战走向最后的疯狂，这种疯狂持续了 10 年，最终将罗马共和国送入了绝路。

尤利乌斯·凯撒广场及维纳斯神庙

　　凯撒最引以为荣的建筑物非他建造的新广场莫属：尤利乌斯·凯撒广场（Forum of Julius Caesar）和维纳斯神庙（Temple of Venus Genetrix）。随着古罗马的金融、法律及社会事务的日益增加，罗马广场不再能承办这些大型活动。因此，提升这种能力迫在眉睫，但紧靠卡比托利欧山的这些建筑项目，工程量浩繁，还需要削平山头。此外，这些地区的商业和私人建筑林立，早已拥挤不堪。为建设这些大工程仅仅是获取这块土地已然是让人头疼的事，这还不算工程将要耗费的巨大费用（筹款之事已委托给他的密友雄辩家兼政治家西塞罗）。粗略匡算，所有工程最后所花费的用度是个天文数字，大概需要 1 亿塞斯特斯（Sesterces，古罗马的银币），这足以支付 9 个罗马军团 1 年的开支。不过，这些投入对凯撒来说确是物有所值，其他的则都可以忽略不计。

凯撒广场里建有一座维纳斯神庙，这座神庙坐落在一座巨大的露天广场上，一排排高悬的双柱廊道绕着神庙，这些廊道起到遮风挡雨的作用，便于商业活动。这座新建的广场被高大的护墙包围着，只有一座令人敬仰的神庙矗立着。凯撒新广场的设计、功能和装饰风格均与罗马广场差异较大，罗马广场虽然让人感到自豪无比，但显得十分凌乱，且从各个方向都可以很随意地自由进出。然而，一座广场，无论是何种形式，都是人群聚集的场所，而熙熙攘攘的人群自然而然具有高度的政治性，这对共和国末期的高度集权大有裨益，所以露天的宽敞空间非常急需，人们可以把这些场所当作讲坛，面向比肩接踵的人群，慷慨激昂地发表演讲，阐述着自己的想法，鼓动民众，凝聚人心。因此，维纳斯神庙，就像罗马广场上的卡斯特与帕勒克神庙（Temple of Castor and Pollux）一样，都在矮墙前辟有一处露天场地，演讲者可以站在矮墙上面对下面的观众滔滔不绝地公开演说。

毫无疑问，众多纪念建筑物蕴含着重要的政治意义。对凯撒而言，他新建的广场不仅满足了人们对额外空间的需求，还使他自己光耀千秋。反讽的是，凯撒修建的广场和神庙是把双刃剑，累积并造就了恐惧和猜忌的氛围，最终导致他本人的猝然倒台。孕育古罗马民族的"母亲维纳斯"，于公元前 48 年［法尔萨拉战争（Battle of Pharsalus）之前。在这次战争中，凯撒击败了庞培］被尊奉为女神。广场的维纳斯神庙始建于公元前 46 年，与凯撒广场一起于公元前 29 年由奥古斯都建成，奥古斯都是凯撒的养子兼继承人。维纳斯神庙的落成对于整个古罗马的团结凝聚、传承古罗马的传统十分有利——这实际上更是凯撒个人的利益所在。维纳斯是埃涅阿斯（Aeneas）的母亲、埃涅阿斯的儿子阿斯卡尼俄斯（Ascanius，即尤罗斯）的祖母，顺着这个谱系细捋下来，也就是凯撒传说中的祖先。

如同庞培的剧场一样，凯撒广场中的维纳斯神庙将这座建筑群从公共广场变成了半神圣的空间。这座神庙被献给与凯撒关系紧密的神灵，因此，凯撒广场所具备的政治性怎么强调都不为过。另外，凯撒新建的元老院在规划时就直接与凯撒广场连在一起，看起来几乎就像是凯撒广场的附属物，其含义不言自明。

维纳斯神庙的内部结构由两层圆立柱组成，支撑着一个拱形天花板，圆立柱表面用大理石雕刻着维纳斯之子丘比特的形象。祭拜用的雕像是由阿凯西劳斯（Arcesilaus）创作的，他是凯撒时代最负盛名的雕塑家之一，神庙里也装满了金银瑰宝，其中有一些是凯撒本人直接奉献的，例如一件缀满了不列颠珍珠的护胸甲——他在公元前 55—前 54 年远征不列颠时的战利品，还有大量的古玩、宝石。

神庙的珠宝中还有一尊镀青铜的古埃及女王克娄巴特拉的塑像。这尊雕像是奥古斯都在公元前 30 年占领埃及后缴获的，敬献给了维纳斯神庙。克娄巴特拉作为凯撒的情人，于公元前 46—前 44 年生活在罗马——他们两人甚至还生了个孩子凯撒利翁（Caesarion）。在古代世界，一位女王只能与一位国王结成夫妻，这种结合会给有些人拉响警报。他们担心备受尊崇和爱戴的凯撒有意延请一位（传统上遭受唾骂的）世袭君主回到古罗马城，其继承人后嗣早已虎视眈眈……凯撒之所以遭到暗杀，这种说法或许就是其中的原因之一。另外，在凯撒广场的一个巨大的基座上，矗立着一尊凯撒本人骑在

女祖先维纳斯的雕像。她是孕育古罗马民族的母亲——图示为凯撒广场上维纳斯神庙中祭拜形象的复制品。传说中，维纳斯是凯撒的一位祖先，凯撒强化了这种神圣化的关系。不过，许多古罗马人非常担忧有人迷恋于钟鸣鼎食的排场，钟情于高薨巨桷的建筑，还有帝王般跋扈自恣的妄想。对古罗马人来说，最后一种更加可怕。

马背上的庞大青铜雕像，它很可能是受到一尊古希腊亚历山大大帝（Alexander the Great）雕像的启发而雕刻的，这尊雕像甚至也给了凯撒的政敌们更多的把柄。

对于元老院的众多元老而言，正当维纳斯神庙的建设如火如荼之时，他们当中的许多人会与凯撒在那里会面，这可是千载难逢的最后动手的机会。颇具讽刺意味的是，元老们赶到了广场为凯撒歌功颂德时，却发现他的御座被放在护墙的中央，凯撒本人坐在御座上，显示出他与维纳斯神的紧密关系。不过元老们对凯撒故意摆出的这种架势嗤之以鼻，不屑一顾。雪上加霜的是，当元老们进入广场时，凯撒依然傲慢地坐在那里，竟然没有起立。

凯撒广场是后来所有帝王广场的一个样板，这样的样板广场内有多座神庙和小广场，两侧的廊柱围绕着这些建筑，这就是典型的古罗马风格。然而在凯撒时代，他修建的广场富含着某些东方、古希腊和革故鼎新的特征。将这座神庙安排在后墙的中心就显得非常古罗马化，但他那巨大的骑马雕像和遍地的高大廊柱让人想起了希腊地中海风格。事情还远不止于此，由于凯撒广场十分明显的政治化特征，使得罗马广场原有的独霸地位相形见绌，不得不屈居后位。后来在毗邻区域所修的建筑意味着凯撒广场经历过多次重建，非常著名的就是图拉真皇帝建造了以自己名字命名的广场。他重点重建了神庙，加建了大量廊柱，因而增加了用于商业活动的空间。公共建筑的实用功能也不可忽视，所以修建了一座大型半圆形公共厕所，厕所单独建有供暖系统。

后世的考古发掘工作发现了凯撒广场几乎所有的建筑结构，但实际的遗留物却残缺不全。神庙的讲坛有3根重新立起的大立柱，尽管大柱廊和商业活动区域的某

100 年凯撒广场重建的再现图。无论从实际意义，还是象征意义来看，维纳斯神庙都起到了非常关键的作用：高峻挺拔的双柱廊结构所环绕的众多办公建筑和商铺不可小觑，各种各样的商业、行政和社会活动在此地及其周边地区举办。大量的柱廊在具体设计上会起到保护作用：罗马市民可以从罗马广场的一端悠闲地踱到另一端，威严的帝王广场没有任何遮蔽物。

维纳斯神庙 3 根重新竖起的廊柱。这座神庙被毁情况非常严重，所以神庙的大部分现在都是用现代砖块建成的。

些痕迹留存了下来，就像部分台阶和地板的碎片一样，但这些大立柱一直保留在它们当初坍塌的位置。实际上，凯撒广场的确是一个走向破败衰落的有趣案例，对许多罗马的丰碑式建筑物产生了影响。550 年，由于人口数量和各种活动的锐减，凯撒广场的空地开始增多，有人在一些门廊开起了多家制作青铜器的作坊，几乎可以肯定的是回收利用了已有的装饰物和雕像。9 世纪，农民在废墟的空地上种起了葡萄和其他作物；大部分铺在道路上的大理石和墙上的护板被拆走，再应用到其他建筑上，或者烧成石灰，比如大量的立柱就被重新用到了教堂的修筑上。人们或者就地直接把它们推倒，寻找其地基和柱顶。10 世纪，凯撒广场上建设了一些石质房屋，还有几条应用于特定目的的道路。就这样，一座展示古罗马公共秩序和权势的赫赫有名的皇帝建筑不得不让位于中世纪罗马的烟火气，落败于岁月不居、世事变迁。

古罗马元老院

宏伟的红砖建筑元老院，代表着罗马共和国权力的中心，是罗马广场最完整的建筑物之一。最早修建的元老院在公元前 52 年被一群暴徒烧毁，现在见到的新元老院建筑是由凯撒筹划、奥古斯都在公元前 29 年建成完工的。

面向凯撒广场的正面是由圆立柱围起的门廊，建筑物的外围其余部分装饰着大理石和极像石材的灰泥。17 世纪 60 年代，元老院威严的青铜大门被拆下，运送到拉特兰诺（Laterano），用于建设那里的圣乔瓦尼（San Giovanni）大教堂——我们今天能见到的都是替代品。这座元老院现在毗邻凯撒广场，在它的后墙建有两座大门，将这两处建筑连在一起。这样元老院就时时刻刻笼罩在凯撒的阴影之下。

罗马的诸多传统蕴藏着保守主义的一种强烈风格，这在元老院建筑细节中显示得一清二楚。元老们（共和国时期大约有 300 人，在帝国时期增加到差不多 500 人）并没有固定的座位，但每人可以坐在办公地点的长凳上，长凳围着稀稀拉拉的几排讲台摆成多行。元老院没有完好的供暖系统。西塞罗回忆道，在公元前 54 年，由于天气太冷，元老们不得不取消事先排好的一次会议，这让门外的民众嗤笑不已。290 年，元老院被一次大火烧毁。后来重建元老院时，它的装饰布局就更加豪奢，地板换成了大理石，上面镶嵌了各种复杂的图案，大量的马赛克大理石地板保留到了现在。墙壁上还预留了柱状壁龛，用来放置各种雕像。镶嵌画大理石地板上也预留了摆放雕像的空间，这在 16 世纪 60 年代依然可见。天花板高达 30 多米，全部镀上了黄金。

正对着最远端的墙，是代表着胜利的雕像和圣坛。公元前 30 年，奥古斯都征服了古埃及之后，他在元老院设置了这尊雕像和圣坛。当时有很多实物充当代表着权力和古罗马人很多传统的最强烈的象征，胜利雕像和圣坛是其中之一。当时的古罗马人信仰的是多神教，雕像和祭坛是信仰中必不可少的组成部分。然而，奥古斯都摆雕像、设圣坛的举动，在两三个世纪后成了一个导火索，在后世信仰基督教的历代皇帝和信仰多神教的原有古罗马精英之间诱发了宗教信仰上的一场激烈交锋。357 年，皇帝康斯坦斯二世（Constans Ⅱ）将胜利雕像迁移至君士坦丁堡。几年后，罗马皇帝"叛教者"尤里安（Julian，"the Apostate"），又将雕像迎回了罗马。后来，即使是在皈依了基督教的皇帝统治下，这尊雕像也一直保留在罗马，这意味着把雕像仅仅当作了罗马的传统文化，代表着罗马人引以为傲的辉煌往昔，而不是宗

这座新元老院现在毗邻凯撒广场。这样，不知有意还是无意，元老院就时时刻刻笼罩在凯撒的阴影之下。

元老院，罗马元老举行会议的场所，由于变身为圣艾德里安（St Adrian）大教堂，因祸得福成了罗马广场保存最完整的建筑。为了支撑原来的门廊，建筑物正面的那些小孔曾经被楔入了椽子。凯撒并不是在这里被暗害的，而是死在庞培剧场附近的元老院临时会场。尽管这座新元老院是由凯撒规划的，却是在凯撒死后由他的继任者奥古斯都建成的。

教的象征。但圣坛最终于 382 年被挪走，再也没有回到罗马的怀抱。大概在 630 年，元老院建筑被异地重新拆建成尼科美底亚（Nicomedia）的圣艾德里安大教堂，意味着这幢建筑的永远消失，或者说不再称为是罗马广场上的显赫建筑物。而库里亚（Curia）大会（隐含着元老院之意）的最后一次有记录的会议是在 603 年。作为古罗马社会机构的一块奠基石从此湮没在无情的历史长河当中。

广场上的大讲坛

大讲坛（演讲者讲台）设在元老院的正前方，它在古罗马政治生活中的位置实在太重要了。广场的这个区域通常举行公共集会、颁布法律，还与市民组织相关联，所以慷慨激昂的演讲的重要作用不言而喻。公元前 260 年和前 250 年，古罗马的首座日晷就安放在此处。而附近的埃米里亚（Aemilia）方形大会堂则摆放着一种公共水钟（如果古罗马城没有阳光，就用这种水钟）。

上图：元老院保存至今的地板特写。大理石地板上刻画着复杂的图案，保存完好。这部分地板是在 4 世纪初铺设的，当时正在重建焚毁后的元老院。

对页图：元老院大约在 300 年进行重建的再现图。元老们站立或坐在没有靠背的凳子上进行激烈的辩论，并且（不常见）决定着古罗马的未来。真正的实权通常掌握在皇帝手里，皇帝往往主宰着元老们的各种活动。

讲坛的取名也有来历。在与敌方的海战中，古罗马军队缴获了敌舰用金属制成的船头（Rostra），这种船头被卸下来后装在讲坛上当作战利品，炫耀己方的战绩，因此大讲坛被取名为 "Rostra"。凯撒大讲坛（Caesar's Rostra）正面装饰着巨大的流线型大理石，见证着数不清的重要公共演讲，包括凯撒本人所做的一次演说。当时他希冀对民意进行试探，这个做法非常冒险。凯撒坐在一尊镀金宝座上，他的副手马克·安东尼（Mark Antony）奉献给他一把黄金权杖，象征着无上的皇权。当安东尼把权杖敬献给凯撒时，下面响起了稀稀拉拉的礼节性鼓掌；当凯撒装模作样地拒绝接受权杖时，顿时爆发出暴风雨般的热烈掌声，经久不息——这是一种实实在在的警告：千万不要当独裁执政官。要是凯撒当时注意到了这种情况该有多好。公元前 43 年，一个真正可怕的时刻到来了，马克·安东尼在这座讲坛上向公众展示了演说家西塞罗被斩断的头颅和一只手，西塞罗过去经常在他的演说中攻击安东尼。

奥古斯都把讲坛的正面向前移了几分，形成了一个很大的平坦围面，这样用于插船头的插槽随时可用。在这个新讲坛上，奥古斯都自己的躯体被全部展示出来。这一次，可不是像西塞罗那样遭受无尽的屈辱，而是奥古斯都身披代表着皇帝的紫袍，坐在一尊由亮澄澄的黄金和象牙制作的长榻上。进入帝国时代后，这尊讲坛依旧展现着它的重要性，比如 4 世纪的皇帝戴克里先（Diocletian）和君士坦丁（Constantine）仍然装修讲坛并在此发表演讲。随着旧有的社会结构，包括公共辩论重要程度的式微，大讲坛完成了其使命，逐渐退出了历史舞台。

奥古斯都大讲坛重建后的正面，它的背后耸立着萨杜恩神殿（Temple of Saturn）。在罗马，公共辩论极端重要。这种雄伟的大讲坛是根据被击溃敌军舰船的船头的名字而取名，这种船的船头被垂直插入船首部位的缝隙里。饰有敌舰船首的讲坛也是公众极其关注问题的一个场所，包括奥古斯都本人关心的事项。

第 2 章

从泥砖变身为
大理石

奥古斯都

（在位时间：公元前 27—14 年）

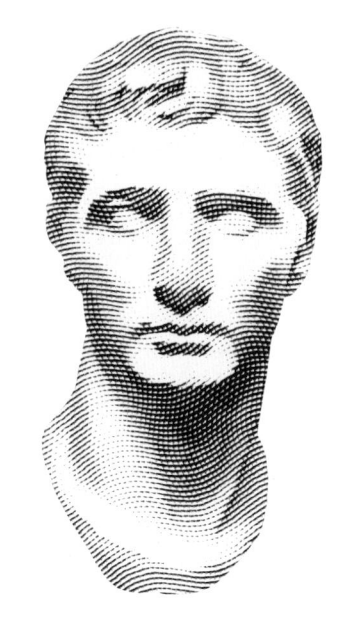

根据凯撒的遗愿，其养子屋大维（Octavius）被指定为继承人。屋大维时刻牢记凯撒被谋害的惨剧，等待时机，最终彻底挫败了杀害凯撒的阴谋集团。经过无数次的征战结盟、婚娶联姻，屋大维与副手马库斯·维普萨尼乌斯·阿格里帕（Marcus Vipsanius Agrippa）齐心协力，最终于公元前 31 年在亚克兴（Actium）海战中，击垮了马克·安东尼和古埃及女王克娄巴特拉。1 年后，安东尼和克娄巴特拉双双自杀，屋大维完全控制了埃及，终止了将近 1 个世纪的内战，结束了给罗马带来无穷无尽的苦难。他当之无愧地成为古罗马的统帅，赢得了无上荣光。元老院授予他各种崇高荣誉和头衔，包括"奥古斯都"头衔，该头衔意为"最值得尊敬的或万众敬仰的唯一的人"。拥有这个头衔后，他越来越受到尊崇。屋大维迅速在古罗马展示自己的权威。

古罗马城成了奥古斯都关注的焦点。他把古罗马划分成了 14 个区，设立了管理宗教事务和市民日常生活的各类机构，涵盖了城市管理的方方面面。他十分关心都市的基础设施，如道路、上下水系统。奥古斯都还修建了许多神庙神殿，自豪地向邻国大肆宣扬。

总览奥古斯都所有的政绩，惹人注目且持久流传的是他修建的众多建筑物。他死后，在其陵寝外面的立柱上和罗马帝国的其他公共场所，镌刻着无数的碑记铭文，宣扬他一生的丰功伟绩。古罗马历史学家、传记作家斯威托尼厄斯（Suetonius）评论：之前的建筑都是砖

斯威托尼厄斯评论道：奥古斯都之前的建筑都是砖石结构，他给我们留下的是大理石建筑。

石结构，奥古斯都给人们留下的是大理石建筑。各种风格、功能的建筑在古罗马城如雨后春笋般地建造起来，它们都以大理石作外墙，壮观威严，前所未有。古罗马城因而更加多样化、美观，为奥古斯都增光添彩，使他倍感荣耀。

罗马广场位于古罗马城的中心，在奥古斯都的统治下，许多著名建筑被建造完成，包括多座高大的方形会堂，如尤利亚（Julia）会堂和埃米里亚会堂，以及凯撒亲自规划后的元老院。奥古斯都新建了一座神庙，即神圣尤利乌斯·凯撒神庙（Temple of the Divine Julius Caesar），承载着自己对凯撒的深情厚谊。在奥古斯都皇帝在位时，所有地标性建筑物的建设都须经过他的首肯，但并不是所有的这类建筑都是他本人的功劳。在罗马广场，未来的皇帝（奥古斯都的继子）提比略重修了和谐神庙（Temples of Concord）和卡斯特与帕勒克（Castor and Pollux）神庙。

图为尤利亚长方形廊柱会堂的内部结构。这座会堂的巨大内部空间非常实用，金融巨头们经常在此洽商事务，地方执政官们在此辩论和讨论法律，尤其是关于土地和遗产继承方面的法律。这些程序都对公众公开，因此吸引了大批市民站在楼台俯瞰会议的进展，对与自己感兴趣的议题会驻足观看，不时起哄鼓噪。

约 330 年，尤利亚长方形廊柱会堂重建。这座会堂封堵了罗马广场长长的南侧，会堂中众多的拱形结构和雕像使罗马广场更加蔚为壮观。尽管会堂这种建筑的形状和名称（意味着"无上威严的大厅"）源自古希腊，其他许多此类会堂完美地体现了整个罗马帝国城市的综合图景。

尤利亚长方形廊柱会堂

　　尤利亚长方形廊柱会堂（Basilica Julia）坐落在罗马广场的南部边界。凯撒本想用在法兰西征战中缴获的黄金，建一座雄伟的会堂以替代早前的一座同类会堂。然而这座会堂是在奥古斯都统治时期完工的，建成后不久被焚毁，重建后于 12 年举行了落成仪式，使用凯撒的家族惯用名：尤利亚。

　　古罗马的方形廊柱会堂是受到古希腊建筑的启发而建的，但风格区别较大。尤利亚长方形廊柱会堂尤显气派，长宽 105 米 × 60 米。其通道拱顶高 21 米，灰泥墙壁镀金涂漆，木质天花板鎏着黄金，干云蔽日，令人头晕目眩。会堂的装饰极尽奢华——会堂正面、步道和墙的外立面都用大理石铺装。

　　后来在罗马修建基督教教堂时，有些教堂的规模较大。从这些教堂身上我们能发现古罗马方形廊柱会堂的外观特征。例如 5 世纪的圣母玛利亚大教堂（Church of Santa Maria Maggiore）带侧廊的设计形式、超高天花板、镀金装饰、雕像和精美的大理石等特征。相比之下，尤利亚长方形廊柱会堂更长、更宽、更高，当然也更加优雅精致。会堂的所有连拱廊柱增加并强化了身在剧场的感觉，而这种感受正是罗马广场的特色所在。尤利亚长方形廊柱会堂的台阶正对着广场，台阶上熙熙攘攘，人们挤在一起，争先恐后地一睹威严的凯旋仪式、军队行进和其他重要活动。

　　尤利亚长方形廊柱会堂的大部分空间用窗帘或屏风分隔出许多"庭院"，百官法庭（Centumviri）的法官经常使用这些"庭院"。在审理案件时，他们会对遗嘱和财产事宜深思熟虑、谨慎处置。在某些情况下当事人的争论非常激烈，充满着戏剧性，公众能从门廊等处观看庭审过程。普林尼就记载了他向百官法庭提交的一桩案子。虽然他当时提心吊胆，但成功地为一位女贵族阿蒂亚·维里奥拉（Attia Viriola）进行了辩护。案子的起因是女贵族的老父亲偏袒他的第二任妻子，从而剥夺了女贵族的继承权。普林尼讲述道：他充分展现了自己雄辩的演讲才华，时而滔滔不绝、时而高贵庄肃、时而暴跳如雷、时而激情四射。在辩护中，他充分展现了戏剧性的动作、高超的辩论技巧与渊博的法律知识。在拉丁语中，"演员"这个词表示法律意义上的一位公诉人或原告，也有"剧场上的表演者"之意。

金融业者和放贷人也会使用会堂的部分场地。有一段铭文记录了一位金融业者提比略·弗莱维厄斯·詹尼斯利乌斯（Tiberius Flavius Genethlius）的故事，从前他是一位技艺精湛的骑士。这里还有发生过更奇怪的事情。古罗马皇帝卡利古拉（Caligula）推出了一种处置钱币的怪招，一连数天，他都从会堂屋顶向下面扔撒钱币，地面上的人群争相捡拾钱币。

历史上，尤利亚长方形廊柱会堂曾被烧毁过多次。283 年，一场大火把罗马广场夷为灰烬。这场火灾后，戴克里先皇帝把会堂雅致但脆弱的圆立柱换成了结实的砖石支墩（用大理石做外立面）。在古代末期，方形会堂起到一座艺术馆的作用。415 年，即西哥特国王阿拉里克（Alaric）洗劫古罗马城 5 年后，城区的行政长官普罗比安努斯（Probianus）修复了这座会堂，还增加了一些重要雕像，以强化会堂的地位，其中就有很多古希腊雕塑家的原件，如波利克里托斯（Polyclitus）和伯拉克西特列斯（Praxiteles）的作品。

多神教的神庙因关闭和弃用而失去往日的风采，逐渐破败，被任意损坏甚至被拆毁，像尤利亚长方形廊柱会堂这类重要建筑物就成为艺术作品的避难天堂。这不仅是一种支持多神教的行动，而是一个尝试，旨在赓续具有文化特征的城市中心的思路。精美的艺术，即使是多神教的艺术，依然会给基督教罗马带来权威和合法性。

尤利亚长方形廊柱会堂逐渐成了累赘，其庞大身躯使维护工作难以为继。7 世纪或 8 世纪，在这座会堂内修建了一座小型教堂。如今会堂已成废墟，一些大理石工坊在其中建了起来。工匠们拆掉会堂本身的装饰，将成堆的大理石石片堆放在它精美的地板上。在文艺复兴时期，尤利亚长方形廊柱会堂的大部分材料都已失去踪影，而在 18 世纪和 19 世纪进行的"发掘"又拆掉了原来的大理石地板和小教堂。当下，只有改建的大理石台阶、几座砖石支墩和大量的残垣断壁凄惨地证实着这座美丽的建筑在古罗马城的重要性。

奥古斯都协和神庙

在元老院之外隐约可见的卡比托利欧山下面，坐落着雄伟的奥古斯都协和神庙（Temple of Concordia Augusta），它代替了公元前 120 年的一所神庙。万事皆有源，这座神庙也有来历。平民主义者格拉古（Gracchi）兄弟采取了措施进行改革，触怒了元老院。后来，格拉古兄弟被暗杀，他们的很多心腹也被杀害。元老院为纪念这个行动，特地修建了奥古斯都神庙。在神庙正式启用的前夕，持不同政见者在圣殿上涂写了"和谐源于疯狂的不和"。

10 年，提比略皇帝又重修、启用了这座神庙。这座神庙原来设想是要修建成全新的样式，与其他神庙截然不同。具体设计是神庙前方并不向外延展，但顺着卡比

对页图：图为圣母玛利亚大教堂的内部结构。多神教的古罗马方形会堂与早期基督教教堂存在着许多差异，比如布局安排和功能，但这些早期基督教会堂以最简洁的方式，向我们展示了古罗马大型会堂内部结构的理念。

方形廊柱会堂

古罗马的方形廊柱会堂是进行商业活动、法庭审理、法律行政和文化意义上的市民集会等活动的场所。古希腊城市中心的会堂通常为两层，多根廊柱矗立在外围，商业活动和颁布法律都在此举行；古罗马的会堂更加雄伟，圆柱林立，围绕着开放中殿形成了 4 个双层廊道。观众站在会堂的廊道旁听各种诉讼及其他活动。一些会堂还建有半圆形拱顶小建筑，供法官审理案件时使用。

随着古罗马的不断扩张，诉讼案件数量越来越多，会堂的作用越来越重要。这些会堂在城市中规模大、引人注目，成了当地的地标。每座主要市镇都有一座会堂，古罗马城作为都城自然要多建这样的会堂，且全都集中在罗马广场上。有几座会堂（如尤利乌斯会堂和埃米里亚会堂）纵深很长，伟岸壮观，将罗马广场的侧边围住，马克森提乌斯会堂（Basilica of Maxentius）独占着广场最东边。

从 4 世纪开始，基督教采纳会堂这种形式，在长边侧设置廊道，侧门的廊柱用墙围住以封闭教堂空间。这种形式有利于信徒大规模聚会。多神教的神庙则不需要这样大的内部空间，因为祭祀活动和其他仪式都在室外举行。基督教教堂往往模仿古罗马方形会堂，讽刺的是，古罗马会堂原有的设计灵感都已消失殆尽，但现在只要瞟一眼这些基督教建筑，就能感到古罗马会堂的壮观及其产生的深远影响。对于了解古罗马的建筑风格，这算是一种间接的方式。

托利欧山的山脚尽量占满可用空间。一座由廊柱组成的门廊，一直导向宽敞的长方形内殿。这座内殿充当一座艺术馆，陈列着皇帝家族的大量艺术品杰作。阳光从两扇巨大的窗户照进内殿，巧妙解决了照明问题。内殿陈设的艺术品数量和品质都非同小可，超出人们的想象。满眼的壁龛内摆放着众多古希腊艺术家创作的雕塑佳品；其他艺术精品是由奥古斯都本人赠送的，包括大量名画，以及由黑曜石雕刻成的 4 头大象，大象组成了一个独具特色的象群。朱庇特、朱诺、密涅瓦、马尔斯、维纳斯、和平之神以及其他神灵的雕像遍布神庙的山形墙和屋顶。700 年，神庙变成了一座教堂的福利中心，直到 15 世纪 50 年代都基本保持完好，那时的人们拆毁了这座建筑，从中搜罗合适的建筑材料。只有巨大的内殿完整石料门槛依然留在原地，因为它太大了，文艺复兴时期的盗贼实在搬不动它。

为纪念他的养父奥古斯都，提比略重建了奥古斯都协和神庙，这是重建的再现图。

神圣尤利乌斯·凯撒神庙

神圣尤利乌斯·凯撒神庙（Temple of Divus Julius）位于主广场的末端。此地是凯撒被暗杀后火化的地方，因此奥古斯都就地建成了这座神庙。根据惯例，火化逝者的遗体通常在马尔提乌斯校场（Campus Martius）内的一处专门的火化场地进行，但愤怒的暴民在马克·安东尼的演讲煽动下，在此地烧掉了凯撒的遗体。被烧毁的遗体只是一部分，西塞罗悲痛地斥责这种暴虐无道的兽性行为。为了深切地表达自己的孝心，奥古斯都在这座广场的中心建成凯撒神庙，从这里可对参加元老院会议的元老们一览无余——特别是那些有可能支持杀害凯撒的人。公元前 29 年，凯撒神庙正式启用，揭幕仪式庄重肃穆，盛况空前。为庆祝神庙奉献给凯撒，古罗

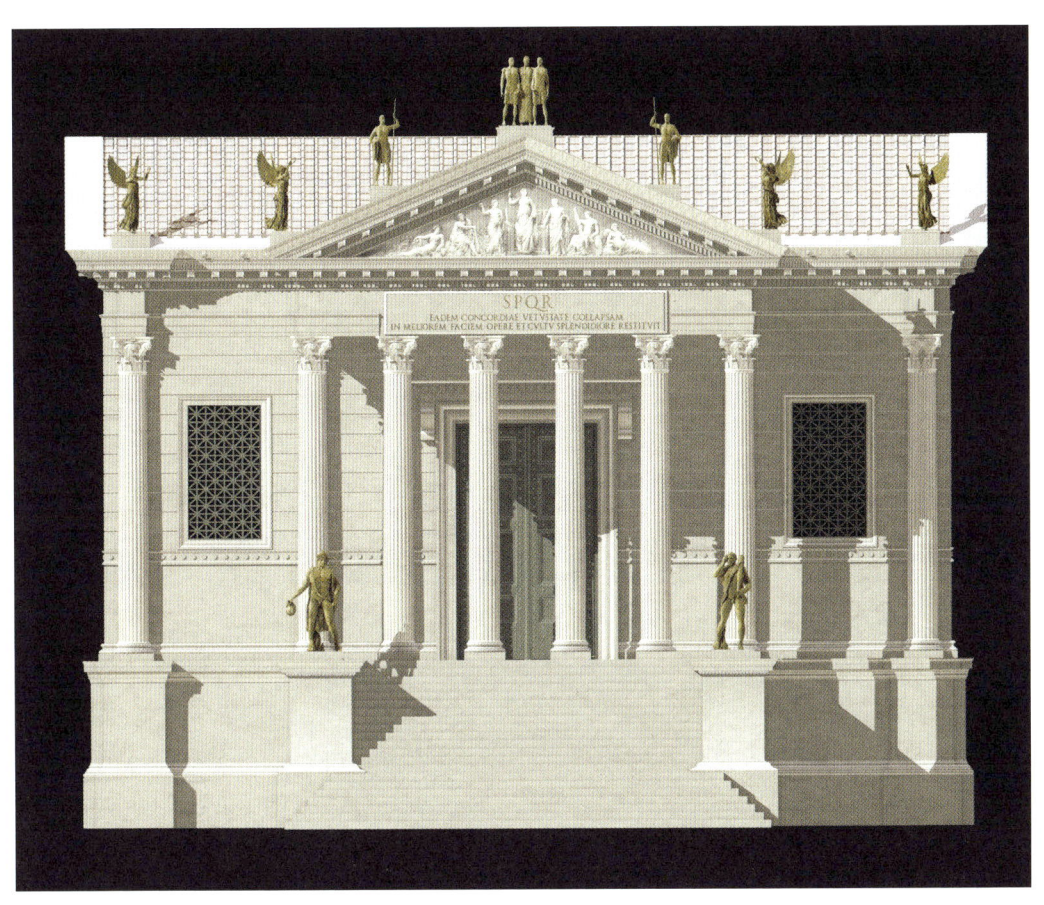

　　马城举办了数周的角斗士与野兽的残酷搏斗、剧场演出和体育比赛，以向世人表示奥古斯都今天所得到的无上权力都是凯撒赋予的，也受到了神圣祖先维纳斯神的护佑。

　　献给古罗马城诸多神灵的数十座神庙或神殿相比，凯撒神庙是奉献给一位凡人的。凯撒死后，元老院颁布政令：凯撒不是世俗的，而是神圣化的，所以尽管他不是神，但非常接近神。元老院作出这样的决定无疑是因为奥古斯都以及凯撒其他心腹带来的巨大压力。双方在是否确定凯撒为神明的过程中发生了争执，此时正好出现了一个异象：公元前 44 年，当人们为纪念凯撒的葬

![古罗马风格的凯撒神庙]

礼而举办运动会的过程中，一颗彗星出现了，这真是犹如神助。人们知道它叫尤利安星（Julian Star），划过天空时非常明亮，甚至白天肉眼都能看到。这种异象昭示着上苍正在痛改前非。

古罗马风格的凯撒神庙自身矗立在墩座墙（有助于防洪）上，这种做法非同寻常。更加与众不同的是，为了建一尊圆形祭坛，神庙在墩座墙内设计了一个半圆形的凹进，向外界明示这就是凯撒被残酷焚化的确切地点。

现在，各种鲜花依旧每天出现在那里。凯撒神庙的正前方建了一座新讲坛，钉上了几个船头。公元前 31 年，爆发了亚克兴海战，奥古斯都率古罗马海军击败了马克·安东尼和埃及克娄巴特拉女王的联合舰队，船头

就是从敌方军舰上缴获的。这是一场具有里程碑意义的海战,成为他非凡传奇的重要组成部分。在内部事务中,奥古斯都最重视的就是精心刻制祭奠用的凯撒雕像,他特地在凯撒的头顶设计了一颗星,也就是他死后出现的那颗彗星——尤利安星。奥古斯都在神庙内摆放了大量珍贵物品,包括一尊维纳斯肖像画,描绘了维纳斯从塞浦路斯(Cyprus)的波涛中升起。这幅名画是由知名的艺术家阿佩莱斯(Apelles)创作的,表现了维纳斯拧干头发的经典动作。但由于疏于保管,到了 60 年,这幅画损坏严重,不得不用其他替代品。

凯撒神庙部分坍塌,但依然保存到了 16 世纪 40 年代。当时,教皇委托的建筑方彻底拆毁了这座神庙,从中寻找合适的石材以重建圣彼得大教堂。然而,神庙讲坛的碎石堆留存了下来。

奥古斯都广场和战神马尔斯·尤特神庙

奥古斯都非常尽心地完成了有关凯撒的纪念性工程,随后就着手建设他自己的奥古斯都广场和战神马尔斯·尤特(Mars Ultor)神庙。这座广场包含一座宽敞壮观的露天广场,周围是高大的柱廊和战神马尔斯·尤特神庙。奥古斯都广场为民政管理提供了额外的功能,主要是有关法律与战争的程序。但广场仍然为奥古斯都皇帝及其王朝增光添彩。广场遍地都摆放着各类雕像,包括他自己和家族成员的塑像,而神庙则表明了他本人与凯撒的个人联系,昭示着他的统治名正言顺和拥有巨大权威。然而,即使是奥古斯都这类一言九鼎、神通广大之人,修建必要的建筑也非一帆风顺,因此,奥古斯都广场的一个角落不得已出现了畸形。

穿过几道门就进入了诸座正门,正门有 33 米高。

对页上图:凯撒神庙重建的再现图。一座凯撒的塑像扫视着几座大门,讲坛装饰着屋大维(奥古斯都)在亚克兴海战大捷中缴获的几个敌舰船头。

对页下图:公元前 36 年的硬币,上面刻着屋大维的头像。硬币的背面是凯撒神庙,山墙上还刻着一颗明亮的星。这种硬币在当时的宣传作用不容小觑。

神圣化

古罗马皇帝拥有完全的神性，包括已故的皇帝。死后变成神——神圣化（Consecratio）的做法取自古希腊文化。它成为帝王权力的重要组成部分，但完成神圣化的过程通常要经过元老院的批准，这就十分滑稽。这是元老院行使权力的难得机会（尽管它很少拒绝）。凯撒是首位被神圣化的凡人，奥古斯都紧随其后。之后，许多皇帝和皇帝的家庭成员被封神。凯撒被神化，奥古斯都还活着，就成了凯撒这位神明的儿子，这将会大大强化他在尘世间的地位。神圣化后，他就能代表宗教显示自己具有非凡盖世的治国本领，通常情况下，新晋的神会获得一座神庙。

举行皇帝的葬礼时，会有数万人参加。葬礼上他的蜡像被展示，通常摆置在一个宴会用的长榻上。悼文诵读完毕后，送葬队伍恭送皇帝遗体至马尔提乌斯校场内的火化场。此时，火化场架起了一座巨大的多层柴堆，遗体将会放在柴堆上火化。皇家成员和天潢贵胄围绕柴堆转了几圈后，柴堆开始点燃，精心安排的哀悼和痛哭随之响起。遗体被烧尽后，一只鹰被放了出来。它象征着将死去皇帝的精神载到诸神那里。元老院随后颁授神圣的荣誉，这位死去的皇帝就成了神灵。然而，并不是每一位皇帝的封圣过程都如此正规——韦斯巴芗在临死所卧的床上说道："啊，上苍，我就要成神了……"

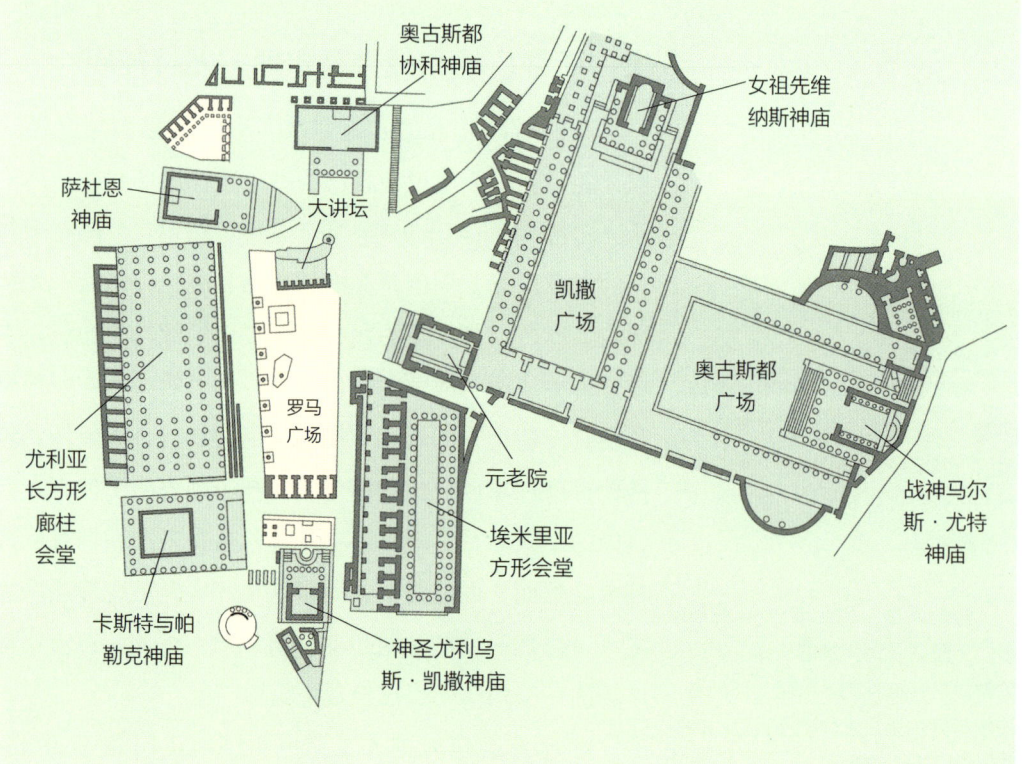

对页图：奥古斯都去世后，罗马广场的一项规划表明，他是如何修建或重建每一座重要史诗般的建筑物的（标注绿色的区域）。从会堂和元老院到大讲坛和神庙，新（神圣尤利乌斯·凯撒神庙）老（萨杜恩神庙、卡斯特与帕勒克神庙）建筑一起上马，留下了难以磨灭的印记。在邻近地区，建起的两座凯撒和奥古斯都的新广场，都是在他手上完成的。

下图：奥古斯都广场的一座侧面半圆形建筑内饰的再现图。其内部空间很大，侧墙还排列着各种塑像，包括奥古斯都传奇性祖先特洛伊国王埃涅阿斯的塑像（位于正中央，肉眼可见）。

奥古斯都围绕广场建起这么高的正门是为了防止火灾频发，这些火灾通常源于广场北侧苏布拉（Subura）的租赁户贫民区。后来的皇帝广场也都建有一些防火墙，强化了每座建筑的这种独有特色。这个建筑群的主要特征保留到了中世纪。奥古斯都的防火墙由棕绿色的凝灰岩、白色的石灰华制成方块和扁带饰组成，防火墙上面布满了凹坑用于搭建脚手架，而少量的窗户和门廊显示出罗马帝国衰亡之后对这些建筑的再次利用。

奥古斯都广场所产生的全部影响早已烟消云散，虽然广场很多部分依然保留在下面附近的街道，即皇帝广场大道（Via dei Fori Imperiali）。奥古斯都广场最初为 118 米 ×125 米，是由白色大理石组成一个巨大的区域，长长的双层柱廊充当着广场的框架。第二层的最大特色是安放了女像柱，这是雕刻着女性形象的大立柱，根据雅典卫城的厄瑞克修姆神庙（Erechtheion）仿制而来。交替排列的立柱，刻着一些朱庇特·阿蒙

战神马尔斯·尤特神庙的再现，整幢建筑均用大理石修造，雕像用青铜制成，或用着色的大理石雕刻。露天广场的柱廊间布满塑像。

（Jupiter Ammon）神的半身像。这位神是亚历山大大帝
（Alexander the Great）比较喜爱的一个神祇。历代的游览
者可以看到这座广场独特而又精美的装饰，有些人会对
其中的含义心领神会：古罗马（奥古斯都）纵横驰骋，
横行天下，击垮了古希腊和古埃及，掠取了他们的巨额
财富，使他们乖乖地俯首称臣。廊柱下面的多条廊道极
其罕见地用大理石铺砌，外饰面也是如此，廊道上竖起
了许多由大理石、青铜、银质甚至黄金雕刻的塑像。普
林尼认为这座广场是当时世界上最美的建筑物之一。

双层半圆形室一直延伸到广场，这样有利于进行法
律诉讼活动。许多座塑像依次排列，这是奥古斯都更加
看重的，这种创新设计后来也应用到图拉真广场的建设
上。在南侧的半圆形室有一尊罗慕洛斯雕像，廊柱间布
置着许多将军、政治家和代表帝国行省象征的塑像，向
世人宣示罗马帝国所占领的疆土范围。特洛伊国王埃涅
阿斯的雕像安放在北侧的半圆形室。埃涅阿斯是维纳斯
之子；埃涅阿斯的儿子是阿斯卡尼俄斯（Ascanius），阿
斯卡尼俄斯又名尤罗斯（Iulus）；凯撒所属的尤利家族
的血缘关系就追溯到阿斯卡尼俄斯。廊柱间放置了其后
代尤利－克劳迪乌斯家族的塑像。在最远端有一片大
空地，一座巨大的奥古斯都塑像占据了空地的大部分空
间，这座雕像高达 12 米，面对着最远端的墙壁，墙壁
上描绘着鲜花和状似棕榈叶的装饰，色调为蓝色和红
色，就像一条巨大的波浪形窗帘。

战神马尔斯·尤特神庙处于最中心的位置（复仇
者马尔斯），作为战神，他的神庙是为了庆祝布鲁图斯
（Brutus）和卡西乌斯（Cassius）于公元前 42 年在腓利
比（Philippi）战争中双双战死，他们二人是密谋暗杀凯
撒的罪魁祸首。

普林尼认为这座广场是这
个世界上最美的建筑物之一。

上图：全身戎装的战神马尔
斯·尤特塑像。这是在 110—120
年的一尊复制品，根据战神马尔
斯·尤特神庙里供祭拜用的雕像再
塑而成。战神马尔斯护佑着罗马军
团战无不胜。

上图：奥古斯都的妹妹屋大维娅的半身像。在古罗马，屋大维娅是第二位被雕成塑像来纪念的凡人。她是本分谦逊的古罗马妇女学习的楷模，受到古罗马人的爱戴。

当元老院对外宣战时，战神马尔斯·尤特神庙是合适的会议场所，也适合舞蹈祭司（祭祀时，抬高腿跳舞的祭司）主持此类仪式。将军们出征前在此进行祭献，之后告别古罗马城奔赴战场，凯旋后将敌军俘虏在神庙敬献给战神。一般来说，马尔斯是男人的保护神，所以，自由民的男孩们在到了青春期时，会把他们出生时的护身符或垂饰敬献给马尔斯·尤特。

坐落在高墩座墙上的马尔斯·尤特神庙有一条宽阔的楼梯，旁边建有很多喷泉。祭坛设在中心位置，而其巨大的山墙上设置了马尔斯、维纳斯和其他神祇的雕像。防火墙中的大幅度对角线保证了高耸的神庙屋顶的高跨比。神庙的立柱和墙壁都用卡拉拉（Carrara）出产的洁白大理石建造，内殿的立面外侧镶有五颜六色的大理石，这种大理石产自安纳托利亚和北非。

一座马尔斯·尤特的雄伟巨像放在神庙的半圆形室里，旁边是维纳斯和神化了的凯撒，强调着凯撒和奥古斯都的神圣血统。在马尔斯·尤特塑像的周围摆放着几杆从帕提亚人（Parthia，今伊朗）手中夺回的古罗马军团的军旗。帕提亚人曾多次打败古罗马的军队，所以他们向奥古斯都投降的意义深远而重大。神庙中还有一尊象牙雕刻的阿波罗雕像和凯撒曾经在战场挥杀过的一把利剑。战神马尔斯·尤特神庙，如同其他神庙，比如卡斯特与帕勒克神庙一样，是古罗马富裕公民的一处安全庇护所。不过，尤文努（Juvenal，古罗马讽刺诗人）记录：一天晚上，鲁莽的盗贼闯入战神马尔斯·尤特神庙，偷走了一些珍宝，还盗走了马尔斯·尤特的镀金头盔。此外，公开的法律诉讼也会在奥古斯都广场举行。一天，克劳迪乌斯（Claudius）皇帝正在那里主持会议，萨利人的饭菜香味飘来，诱惑得他直流口水，会议几乎开不下去了。

20 世纪 30 年代之前，除了三尊残留的大理石圆立柱外，该地区看起来仍然很特别，许多中世纪和文艺复兴时期修建的住宅、女修道院和花园充斥其间。20 世纪 30 年代，为了修筑皇帝大道（Via dell'Impero），即现在的皇帝广场大道，建设者将奥古斯都广场彻底推平。这些发掘已展现奥古斯都广场的大量细节。

20 世纪 90 年代的众多发掘活动表明，战神马尔斯·尤特神庙早在 490 年就遭拆除，人们主要觊觎其大理石。在中世纪，墩座墙的一部分被圣巴兹尔修道院（St Basil）的僧侣占有，继而又被圣约翰（St John）的骑士团把持，圣约翰骑士团的大本营就设在罗马，至今仍然保留在奥古斯都广场的废墟上。时光无情、岁月残酷，随着古罗马渐渐淡出历史舞台，即使是华丽、雄伟的建筑物也难逃脱破败不堪或被蓄意破坏的悲惨命运。

从这座传统的纪念中心向北、西延伸，就是广阔的马尔提乌斯校场。古罗马军团曾在此进行阅兵和训练。以前，这里是城市边界外的一处巨大空地，在公元前的最后 1 个世纪，马尔提乌斯校场纪念性的氛围越来越浓厚。在该校场地势较低的区域，即靠近卡比托利欧山的地方，建造了马塞卢斯大剧场（Great Theatre of Marcellus），奉献给马塞卢斯，他是奥古斯都的妹妹屋大维娅（Octavia）已故的儿子；这里还建有献给屋大维娅的门廊，对外展示奥古斯都皇帝家族是一个整体，这个家族的所有成员都为古罗马人民尽忠效力，理应赢得全体人民的尊敬。毗邻马塞卢斯大剧场的建筑就是阿波罗·索西乌斯神庙（Temple of Apollo Sosianus），显示着奥古斯都的赫赫威势，以及将政敌收拾得老老实实的强大实力。古罗马众多建筑图景的纪念碑化和政治化努力开始见效。

屋大维娅门廊

在共和国时期神庙的周围区域，其重点集中在敬拜诸多神祇上，如阿根廷广场。在帝国时期，多座神庙可能只是一座更广阔、更加多元的建筑综合群的组成部分。屋大维娅门廊可能就是最佳案例。皇帝的家庭及其成员对于政治非常重要，所以屋大维娅的婚姻只能由政治决定，不存在爱情。她在第一次婚姻中生了两个孩子（她一共生了 3 个孩子），包括她的爱子马塞卢斯（Marcellus，他是奥古斯都潜在的继承人）。凯撒要求屋大维娅与丈夫离婚，嫁给庞培，但她拒绝了。但当丈夫去世后，她被迫嫁给了马克·安东尼。婚后，安东尼迷上了古埃及女王克娄巴特拉，抛弃了屋大维娅。这一切，奥古斯都全都看在眼里、恨在心头，但他不动声色，静候时机准备痛下杀手。此时的屋大维娅忍辱负重，尽心尽力地抚养着孩子。公元前 23 年，马塞卢斯的离世似天崩地裂，屋大维娅摧肝裂胆，悲痛欲绝，奥古斯都也痛不欲生。尽管屋大维娅已远离公共事务，但依然受到民众的敬仰和爱戴。她于公元前 11 年去世，整个罗马帝国都陷入了深深的哀痛中。鉴于屋大维娅生前德厚流光，她很快被尊奉为神明，这件事影响深远。她是第一位受此殊荣的女性，她的形象以塑像、硬币和其他媒介出现在罗马帝国的大街小巷。

昆图斯·凯基利乌斯·迈特卢斯（Quintus Caecilius Metellus）攻占了马其顿（Macedonia）后，改称马塞顿尼乌斯（Macedonicus），他于 140 年修建了屋大维娅门廊，门廊内遍布各类艺术精品，其中就有亚历山大大帝的将军们的青铜雕像，这些雕像与真人一般大小，是从马其顿城市狄翁（Dion）抢掠来的。他凯旋时，罗马帝国举行了气势磅礴的凯旋仪式，横穿整个古罗马城，所有战利品都在仪式上展示，之后就运到屋大维娅门廊内展出。艺术品承载着政治和权力的丰富信息，所以奥古斯都在公元前14年重建时把亚历山大大帝的将军塑像，以及古希腊的古董名画，包括亚历山大的一幅画摆在古罗马城的公共场合，显示着自己的雄才伟略。科妮莉亚（Cornelia）的一尊青铜塑像也摆在那里，她是改革派格拉古两兄弟的母亲，她身上拥有崇高的美德，是古罗马女性的杰出代表。这尊公元前2世纪中期的塑像意义非比寻常，因为这是第一尊树立在古罗马的世俗女性雕像，第二尊是屋大维娅的塑像。

下图：1869年，路易吉·巴扎尼（Luigi Bazzani）绘制的罗马屋大维娅门廊。这幅画表现了建在紧贴着门廊右侧的一座大型经济公寓，门廊内外都摆着卖鱼的排挡。一座称作鱼市里的圣安吉洛教堂依旧占据着门廊墙内的一部分，这座教堂是在中世纪建成的。

右图：屋大维娅门廊是古罗马最精美的神庙建筑群之一。通过山墙内部上面的圆立柱，可以见到被多次利用的石料，包括圆立柱的圆鼓，这些圆鼓是赛普提密乌斯·塞维鲁皇帝重建屋大维娅门廊时所用的石材。

当前，在博物馆展出的诸多雕像，由于原始背景情况的缺乏，往往不能传递出它们本想表达的要旨或原有的影响力。在屋大维娅门廊，现场的场景令人震撼。人们通过一个巨大的中间走廊（迄今大部分保存完好），进入一座美丽而宽阔的广场，广场规模为 115 米 × 135 米，周边围墙环绕着广场，围墙内外竖立着许多廊柱。在露天广场上，建有护佑者朱庇特（Jupiter Stator）的神庙，这是有记录以来古罗马首次完全用大理石建成的神庙，广场上还建有王后朱诺的神庙。这两座神庙因"无意互换"的装饰而闻名，即朱庇特神庙绘画中的女性形象和其他装饰与朱诺神庙中的男性基调相互辉映。普林尼说道：这种互换，尽管是工匠们的失误，但体现了诸神的意志，因此被长久地保存下来。

屋大维娅门廊里还建有两座图书馆，一座保存古希腊文著作；另一座是元老院图书馆。人们在屋大维娅门廊既可以祭拜、沉思、学习，又可以欣赏艺术品，这真是一处重要的便利设施。在奥古斯都统治时期，屋大维娅门廊是第一批同类建筑的一座，也是重要的一座。屋大维娅门廊与其他类似建筑成了新奥古斯都罗马（也称"希腊罗马"）文化的重要传播地。

不过，这处建筑群毁于 80 年的一场大火，以后又遭受了几次同样火灾的摧残。但是，赛普提密乌斯·塞维鲁（Septimius Severus）皇帝大概在 200 年重建了这些建筑。山墙上的铭文描述了这座门廊是如何被大火烧毁的。塞维鲁和其长子卡拉卡拉（Caracalla）皇帝的名字及许多头衔被显眼地刻在上面。大门入口处的门廊，尽管变化巨大，依然矗立在那里。重建工程的清晰印记通过山墙的内部明显地展现出来，包括再次使用的石料，这些石料是从遭受了大火肆虐的建筑物上拆下的。人们用肉眼永远看不到这些材料，它们全都隐藏在天花板的花格镶板内。

屋大维娅门廊的这座砖石大拱门可以追溯到中世纪，当时是鱼市里的圣安吉洛教堂（Sant'Angelo in Pescheria）的组成部分。在 19 世纪，这座鱼市依然在门廊内部和周边进行正常营业。屋大维娅门廊周围的场地和剧院从 16 世纪 50 年代开始成为犹太人的居住区。犹太人的居住区从 1 世纪就在古罗马存在了，尽管在文艺复兴时期受到歧视和残酷对待，但依然立足在此，未曾改变过。

其他区域还勉强存在，但屋大维娅门廊的两座图书馆就不见踪影了，让人感到不幸。几座神庙在 14 世纪遭到了反复洗劫，无一漏网，只有朱诺神庙的一尊圆立柱得以幸存，即使如此，这尊柱子也被埋没在后来的一些建筑物中。不过，门廊侧面的多家商铺、教堂和餐馆保留着外围墙的基线，带柱廊的建筑物正面有几尊立柱保存了下来。从其中一两家餐厅的楼上顺着楼梯走

对页图：乔瓦尼·巴蒂斯塔·皮拉内西大约在 1757 年描绘的马塞卢斯大剧场草图。剧场周边建有多座住房和几座教堂，数家店铺也点缀在其中。马塞卢斯大剧场曾经是古罗马的"皇家剧场"，剧场的上层有一座奥尔西尼宫 (Orsini，奥尔西尼家族是 12—18 世纪意大利古老的显赫贵族家族之一，译者注），中间楼层是地窖和几间储藏室，下层（半地下）则被很多店铺和手工作坊占据着。20 世纪 30 年代周边的这些店铺、房屋、广场和教堂被全部拆除。

下来，可以面对面清晰地看到古罗马的石工结构和几根立柱。

　　近年来开展的发掘工作显示，古罗马城的地平面比现在的街道地面低 4 ~ 5 米。在走向马塞卢斯大剧场的路上，人们能看到原来的道路、立柱和最右边一处角落门廊入口的痕迹。遗迹环绕着几根灰色花岗岩圆立柱，一些装饰性的大理石依然保留在各自的位置，寓示着这座昔日受人崇敬赞美的建筑物的峻宇雕墙已经消失。

马塞卢斯大剧场

　　马塞卢斯大剧场紧邻屋大维娅门廊末端的右侧。马塞卢斯大剧场、庞培剧场和巴尔布斯（Balbus）剧场在古罗马城的这个区域共同形成了一个"剧场广场"。剧场常客的来来往往和以剧场为生计的行当改变着周边地区。剧场使观众开心，观众的巨大嘈杂声又被这些建筑

今日马塞卢斯大剧场一瞥。顶层仍然有许多漂亮的公寓（其中一些用于出租），而第一层和第二层保留着大量古罗马连拱柱廊，在 20 世纪 20—30 年代被腾空、重建。图右侧的 3 根白色大立柱源自阿波罗·索西乌斯神庙的遗存，在剧场周围的建设工地上被发现，现在被重新立了起来。一同发现的还有一组原始古希腊塑像，曾被用来装饰马塞卢斯大剧场的山墙。

放大，十分惊人。马塞卢斯大剧场能容纳约 2 万名观众，庞培剧场能容纳 1.8 万人，巴尔布斯剧场能容纳 1.2 万人。马塞卢斯大剧场的规模最大，是唯一一座在地面上保留下来的剧场。凯撒亲自筹划了马塞卢斯大剧场的建设，他想在一座山丘的衬托下建造一座古希腊风格的建筑，与他的死对头庞培的剧场规模并驾齐驱，甚至要压过庞培剧场的势头。直到凯撒遭到暗杀，剧场建设工程才开始进行，奥古斯都牢记凯撒的嘱托，接手建成了这座剧场。

剧场的外立面有 3 层，代表着 3 种古罗马建筑风格：第一层是多利斯（Doric）样式，第二层是爱奥尼亚（Ionic）式，第三层为科林斯（Corinthian）风格。较低的两层至今原样尚存，第三层在文艺复兴时期被改成了公寓，现在依然存在。剧场舞台与河流之间被加进一些小柱廊和大厅，以供观众遮风挡雨。马塞卢斯大剧场有一座帆布遮篷，使观众免受风吹雨淋之苦。

公元前 11 年，奥古斯都为马塞卢斯大剧场揭幕。随后，大量戏剧在此演出，各种娱乐活动也蓬勃开展，古罗马城首次展示老虎也在这座剧场。马塞卢斯大剧场立即成了一座"皇帝剧场"，变为古罗马城重要的去处。韦斯巴芗重建了剧场的舞台，在这座剧场重新开幕时，为了鼓舞演员，他赐予主要演员们巨额赏金。

马塞卢斯大剧场直到 5 世纪还在使用。421 年，一位地方行政长官在舞台上竖起了几座雕像。即使作为皇帝剧场，它也处于危机中。390 年，剧场的门廊被拆下来维修附近的一座桥梁，即塞斯提乌斯桥（Pons Cestius）。中世纪时，这座剧场又变为一座要塞。16 世纪初，剧院被奥尔西尼家族和其他贵族改建成多套公寓。根据 19 世纪普鲁士大使巴托尔德·尼布尔

墨索里尼与古罗马的"解放"

刚进入 20 世纪时，罗马的中世纪、文艺复兴时期和巴洛克风格的中心区保存完好，但好景不长。20 世纪 20 和 30 年代，意大利的法西斯头目墨索里尼断然决定，要解开古罗马——奥古斯都时期的奥秘。他认为自己与这位皇帝的关联是紧密的。

1922 年，墨索里尼指出："从平庸无奇的残垣断壁中解放古罗马的所有一切"。他开展了拆除古迹的运动，奥古斯都具有划时代意义的建筑物都在被"解放"之列。拆迁大军将这些建筑上面和周围的建筑物全部扫平。1937 年是奥古斯都诞辰 2000 年，墨索里尼计划在罗马做好纪念活动。他本人象征性地拉开了这项工程的序幕。他挥动一把丁字镐，砸向那些命运已定的建筑物。

有时，墨索里尼的主要目标不是要探寻古代建筑的奥秘，而是要完善基础设施。他修建的皇帝广场大道，作为凯旋大道用于阅兵仪式，将大角斗场与他在威尼斯广场（Piazza Venezia）的总部连接起来。为了建设这些工程，他将人口稠密的郊区夷为平地，搬迁了 4000 多人。这个郊区是文艺复兴时期兴建的，到墨索里尼拆除前仍保持完好。有赖于墨索里尼推行的"解放"运动，许多古罗马的里程碑式建筑物至今矗立在我们的眼前。但他对后期建筑所带来的破坏是难以估量的。幸运的是，自 1941 年开始爆发的战争意味着墨索里尼再也不会大拆古迹了，他那时已无心思顾及这些。

（Barthold Niebuhr）的回忆，当时还修建了多座花园，花园里还有几处喷泉，种植了鲜花和柑橘树。

20 世纪 20 年代，为修建通往奥斯蒂亚（Ostia）的海洋大道（Via del Mare）腾出空地，马塞卢斯大剧场附近的中世纪区域被拆除。对剧场而言，几个世纪以来，拱形结构的最低区域遍布着各类商铺、小酒馆和储藏室。所有这些设施全都被扫荡一空，挖出碎石和砾土运去铺砌罗马街道，现在看起来像个贫民窟，但当时这种大石板铺砌的道路却光鲜灿烂。现在，这种石灰华建成的较大拱形外表面依然牢固地耸立，但其正面出现了一些洞，显示出抢救者们所做的辛苦工作，他们依然在搜寻着用于石料结构的金属固定工具。在拱门之上，石拱形结构的前 2 米区域保存状态非常完美。绿色凝灰岩石拱形结构已经重建，但棕色凝灰岩的拱门还是最初的，原来的石灰华正面已经消失。

当马塞卢斯大剧场落成时，奥古斯都十有八九在这座建筑上镌刻了铭文赞颂马塞卢斯，但这些文字没有流传下来。在修建一座巨型扶壁时，墨索里尼在剧场里面设置了一座大型纪念壁，上面刻画了 3 个束棒（fasces，古罗马表示权威的象征，红带捆绑的棍棒中插着一把斧头，是古罗马官吏出巡时所带的权力杖棒，后为意大利法西斯政权的标志）。墨索里尼还根据法西斯的新日历，在纪念碑上刻了一个日期"a vii e.f."，意为法西斯时代第 7 年，自 1922 年墨索里尼向罗马进军至 1929 年。对独裁者和皇帝们来说，建造或维修建筑物是他们向自己统治的人民展示无上权威和恢廓大度的一种重要手段，在这一点上古罗马皇帝和法西斯都差不多。

马塞卢斯大剧场上的嵌墙，表现了束棒。束棒是古罗马高官显爵的象征，意大利法西斯党照搬了这种象征性做法。1929 年，在修建一座支撑扶壁时，墨索里尼加建了这座嵌墙，此图为证。

阿波罗·索西乌斯神庙

医药神阿波罗·索西乌斯神庙（Temple of Apollo Medicus Sosianus）紧贴着马塞卢斯大剧场。公元前 5 世纪 30 年代，古罗马城经受瘟疫蹂躏后，这座神庙首次被奉献给阿波罗神。当讨论战争、条约和授予军团凯旋荣誉时，元老院在这座神庙召开会议，阿波罗神庙旁就是战争女神柏洛娜（Bellona）的神庙。

当时，一位战功赫赫的将军盖乌斯·索西乌斯（Gaius Sosius）提议全面重建阿波罗神庙。在罗马的诸多行省中，他起着重要的作用，特别是犹地亚行省。由于他在那里挫败了当地的叛乱，将希律王（Herod，其名字借助圣经的巨大名望）扶上王位，因此罗马帝国专门为盖乌斯·索西乌斯举行了一次凯旋仪式。他也在罗马帝国的多次内战中冲锋陷阵，所向披靡，但处处与奥古斯都作对——他甚至在亚克兴海战中指挥安东尼和克娄巴特拉的联合舰队的部分舰只。奥古斯都不计前嫌，出人意料地赦免了索西乌斯。奥古斯都还允许他重建阿波罗神庙。奥古斯都在自己 9 月 23 日生日的那天，亲自主持阿波罗神庙的落成典礼。非同寻常的是，神庙中仍然加上了索西乌斯，这样做可以弥合主要的政治纷争。罗马越是夸耀它的建筑物（只要奥古斯都的批准），形势越是歌舞升平。

　　阿波罗神庙的 3 尊重新竖立的圆立柱在今天仍然极具震撼力，廊柱原来高 20 多米，高入云霄，雄视着地面的人群。这一地区的建筑物本就鳞次栉比，马塞卢斯大剧场建成后该区域就更加稠密。实际上，阿波罗神庙的正面楼梯已经遗失，只能从侧面进入神庙。内殿的立面用稀有的大理石作外装饰，诸多名画和塑像也出现在装饰中；一条横饰带展现了某次凯旋的场景，显示出阿波罗神庙在战争中的重要地位，这些珍贵的大理石都是从北非和希腊诸岛进口的。神庙里还有一尊古老的阿波罗杉木塑像，源自黎巴嫩；尼俄伯（Niobe，坦塔罗斯之女、底比斯王安菲翁的妻子，译者注）"十四个孩子"的雕像也位列其中。这些公元前 5 世纪的古希腊真品描绘了尼俄伯的孩子们遭到杀戮的场景。在古希腊神话中，尼俄伯吹嘘自己生育了 14 个孩子，显得她比勒托（Leto，希腊神话中宙斯的情人，与宙斯生只生下两个孩子，译者注）更重要。然而，众神听到了她的自吹自擂，如此狂妄自大，不禁怒火中烧，猛烈射出了无数支箭，将她的 14 个孩子全部杀死。

阿波罗神庙的山墙上刻画了古希腊诸神和英雄们，如雅典娜和忒修斯，忒修斯是传说中的雅典国王，与众多亚马孙女勇士搏斗。20 世纪 30 年代，这些塑像中的许多尊被发现，就位于神庙的正前方，其中一组古希腊雕像原作历经数千年的风雨，竟能幸存至今，令人难以置信。这些雕像可追溯至公元前 5 世纪，由希腊帕罗斯岛的精细大理石制成。这些雕像一度被漆画得光彩照人，雕像还有一些附属物，如兵器，也都镀了青铜，它们只是原件当中的一小部分。古罗马人继续劫掠越来越多的艺术品，源源不断运回这座城市。

奥古斯都陵墓

所有奥古斯都修建的建筑物都使这位皇帝无比荣耀，但在北部的马尔提乌斯校场，依然有两座纯粹用于宣传的建筑物。奥古斯都的陵寝就傲立在这片区域，而较小规模的和平祭坛也在赞颂是奥古斯都带来了和平与繁荣。在马尔提乌斯校场的其他地方，这种纪念鼓吹性

这座陵寝向我们诉说着永生，告知我们众神自己也将湮灭。

——古罗马诗人马提雅尔（Martial）

的行为源于奥古斯都本人，但他的副手马库斯·阿格里帕变本加厉，无所不用其极。阿格里帕修建了一座巨大的建筑综合体，包括公共大浴场（罗马的第一家）、一座方形会堂和首座万神庙。古罗马需要更多的公共设施，因而自然需要修建更多的建筑物。奥古斯都时代的当权者们都很乐意玉成此事。

奥古斯都陵墓与和平祭坛是理解奥古斯都的城市建设和政权统治的关键。公元前 28 年，奥古斯都亲自组织建成了这座陵墓，陵墓用于奥古斯都王朝的丧葬事宜。葬在这座陵寝里的有奥古斯都的妹妹屋大维娅、屋大维娅的儿子马塞卢斯（在此下葬的第一人）、奥古斯都的妻子利维亚、奥古斯都的女婿阿格里帕，葬在此地的还有后世的皇帝提比略和克劳迪乌斯（Claudius）。

不过，奥古斯都的女儿朱莉娅（大）和孙女朱莉娅

（小）被禁止死后葬入奥古斯都陵墓，因为两人违反了（有人说严重违反了）奥古斯都颁布的关于通奸的法律，而奥古斯都认为这是他道德制度最核心的部分。98 年，涅尔瓦（Nerva）皇帝入葬后，这座陵墓就再也没有安葬任何其他逝者。到了下一世纪，历代皇帝及其家族成员（图拉真皇帝除外，他葬在他的纪念碑基座的一间密室里）都安葬在哈德良陵寝（Mausoleum of Hadrian）中。

奥古斯都陵墓或许是受到伊特鲁斯坎的圆形坟冢的启发而建的，更可能是受到了地中海东部地区希腊的大墓地的影响。奥古斯都陵墓建有同心的圆形外墙，凝灰岩、砖石和混凝土建成的墙壁形成了两座大鼓形基座。外墙的直径为 87 米，是古罗马最大规模，光彩夺目的钙华石灰石装饰着外立面。内墙高 30 多米，装饰着许多尊多利斯式圆立柱，一尊巨大的奥古斯都青铜塑像拔地而起，傲视着苍生。混凝土穹隆支撑着一座花园，园内树木青翠，灌木葱茏。此外，还有一座光滑石材结构的圆屋顶建筑。几尊青铜支柱竖立在入口处，记录着神圣化的奥古斯都的千秋伟业。后来，两座古埃及方尖碑增建进来，方尖碑由红色阿斯旺花岗岩制成。所有的这些元素构成了一座美丽的园林，园内葱郁馥碧，水流潺潺。

陵墓的中央是一座圆形建筑物，即墓室所在地，壁龛内摆着大型大理石方块，中间被掏空，用来珍藏逝者宝贵的骨灰瓮。伴陪着骨灰瓮的是大理石姓名牌匾，现在已近乎全部遗失。留存到现在的只有两个，一个是奥古斯都妹妹的牌匾，另一个是马塞卢斯的。一个大理石大方块供奉的是大阿格里皮娜（Agrippina the Elder）的骨灰，她是奥古斯都的孙女，也是皇帝卡利古拉（Caligula）的母亲，这个骨灰空石块在中世纪时期竟然

对页图：奥古斯都陵墓的再现，低处的圆形建筑物经过了绿化，有一个草坪，周围种植着柏树。这座陵寝在奥古斯都生前就建成了，它是古罗马规模最大的陵墓，在设计和规模上都是一种创新。

被当作称量谷物的一种量具。不过即使它命运不济，最起码也保留到了今天。圆形建筑物的中心位置是一个正方形的小密室，用来存放奥古斯都的遗骸。

奥古斯都陵墓的前方，一些最初铺砌的道路依旧清晰可见。在这些道路上面，考古学家发现了多条对角线和水平线，几乎能肯定这是哈德良万神庙（Hadrianic Pantheon）山墙设计蓝图的一部分。山墙的一半已经能非常准确地反映山墙全景。铺砌道路所用的建筑材料很可能就在附近的河道码头卸下，然后在建设之前进行仿制。这个蓝图很可能是有意留下让人看的——哈德良与杰出继任者之间的一种故意行为。奥古斯都陵墓和万神庙也存在非常明显的联系，实际在马尔提乌斯校场建成前，万神庙的大门口与陵墓入口之间一览无余，两者的呼应关系十分清晰。在马尔提乌斯校场，奥古斯都陵墓威严华丽，占据着主导地位——成为王朝强权的一种极端表达形式。古罗马诗人马提雅尔注意到这座建筑物所达到的一种更加潜意识的效果，或者是一种强烈的心理暗示。他感叹："这座陵墓向我们诉说着永生，而旁边的建筑物则告知我们众神自己也将湮灭。"

在中世纪，科隆纳（Colonna）家族将奥古斯都陵墓改建成一座堡垒。1160 年堡垒被拆毁，大量石料和装饰性大理石被剥掉。17 世纪，这里建了一座木质竞技场，用于斗牛和狩猎水牛。19 世纪末，在陵墓的内部建了一座音乐厅，即奥古斯都礼堂（Auditorium Augusteo），但为了显出奥古斯都陵墓的全貌，这座音乐厅在 20 世纪 30 年代被拆除。

为了适当地分隔出奥古斯都陵墓，并凸显陵墓"青云独步"的核心地位，墨索里尼拆除了许多建筑，修建了简朴的奥古斯都皇帝广场（Piazza Augusto

下图：大理石姓名碑，记录着皇帝们以及家族成员的长眠之处。这尊碑镌刻着阿格里帕（老）、阿格里帕的女儿、奥古斯都的孙女的名字，奥古斯都的孙女诞育了未来的皇帝卡利古拉。尽管奥古斯都的孙女与皇帝提比略仇深似海，而且在流放中悲惨离世，但她仍然以皇家规制入葬。

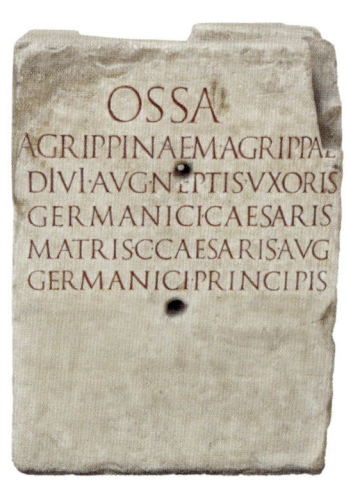

OSSA
AGRIPPINAE M AGRIPPAE
DIVI AVG N EPTIS VXORIS
GERMANICI CAESARIS
MATRIS C CAESARIS AVG
GERMANICI PRINCIPIS

上图：北方宫（Palazzo Nord）近景。它是法西斯统治时期在奥古斯都陵墓附近建造的建筑之一。一组镶嵌画诉说着罗马的诞生：一只坐着的母狼，罗慕洛斯和雷慕斯在一条船上，由拟人化的台伯河养育着，他们的上方是海神尼普顿。两侧刻画的人物表达了人们辛勤诚实的劳作——这是统治集团所青睐的一种宣传形象。

Imperatore）。陵墓被 3 栋长条形建筑分开，这些建筑装饰着镶嵌画、碑铭和刻着图案的多条横饰带，表现了法西斯时期典型的诸多主题和形象。从理想化的、偏重男性的公民形象到战争的形象，无论是古代还是现代，所有这些都事关罗马的传说性起源。在一栋建筑物上有一处铭文，铭文旁就是拿着束棒、长着翅膀的几位胜利之神，寓示着奥古斯都精神，赞颂着墨索里尼将奥古斯都陵墓从数千年的艰难拖累中解救出来，并再建了奥古斯都和平祭坛。

陵墓的外饰至今早已荡然无存，内部是裸露的墙壁，拱顶结构大块大块地掉在地上，与装饰物和铭文破旧的碎片混在一起，显得支离破碎。尽管如此，这座建筑还算是保存下来了，人们可以到此参观。虽然毁坏得很严重，但奥古斯都陵墓依然拥有巨大的影响力。英国浪漫主义诗人拜伦勋爵（Lord Byron，1788—1824）在参观陵墓后曾经写道："长眠者，虽然早已走进历史的故纸堆，权威依然至高无上，依然在他们的骨灰瓮里驾驭、统领着我们的精神……"墨索里尼对拜伦发出的由衷感慨坚信不疑，正如奥古斯都对我们今天的影响一样。

> 长眠者，虽然早已走进历史的故纸堆，权威依然至高无上，依然在他们的骨灰瓮里驾驭、统领着我们的精神……
>
> ——拜伦勋爵

奥古斯都和平祭坛

在奥古斯都皇帝广场靠近台伯河的那一侧，坐落着重建后的奥古斯都和平祭坛。公元前 9 年，适逢皇后利维亚（Livia）的 50 岁生日，奥古斯都和平祭坛正式落成启用，标志着奥古斯都征战西班牙和法兰西后的凯旋，欢庆和平的实现。罗马人对和平和其他抽象概念的顶礼膜拜都集中体现在一位神灵上，所以这座祭坛也是和平女神的一座神殿。当初这座祭坛建在南北主路，也就是现在的科西嘉大道（Via del Corso）的旁边，奥古斯都就是从这条大道回到了古罗马城。1560 年，正是在这条大道的附近，祭坛的一部分首次被发现。在 19 世纪中期到晚期，人们开展发掘工作时遭遇大水和地层下陷，此项工作被迫停止，竟意外地发现了祭坛其他零碎的部分。1937 年，全面的发掘工作正式展开。这一次，为了预防大水渗透，附近的土层都被固定住。祭坛的许多新碎片被发现了，从现存的碎片中作出了铸模，所以，此处展现的是建在一处重新选址的高台上的祭坛。在面向奥古斯都陵墓的这一面，在青铜上镌刻着一段文本，而这些文字原来是刻在陵墓旁的几座青铜立柱上，内容是歌颂神圣的奥古斯都的盖世奇功。

天缘巧合，这座祭坛并没有迁到奥古斯都皇帝广场，原因在于奥古斯都和平祭坛和陵墓这两项工程都被规划为 1937 年纪念奥古斯都诞辰 2000 年重要活动的一部分。当然，这些工程全都由墨索里尼亲自督战。古代奥古斯都陵墓与和平祭坛与生俱来的宣传功能在 20 世纪 30 年代依然体现出它们的重要性。这座建筑的核心是位于中心位置的祭坛，官员们和祭司们在这里举行一年一度的供奉祭祀活动，包括维斯塔贞女们（Vestal Virgins）。巨大的大理石间壁的隔墙独有特色。其内部空间虽很朴实无华，但又十分典雅。一圈古希腊风格的棕榈叶状纹样装饰着下方简单的嵌墙板，上面有一些程式化的牛头骨状饰物（Bucrania），在这些饰物之间，摆放着献祭用的橡树花环、香桃木和松枝。

这座祭坛的外立面镶嵌着奥古斯都艺术中一些最精美、最传统的杰作。与其内部结构相若，外立面被一座雅致的边界分隔成两个区域。下面的区域布满了有关植物主题的奢华装饰物，南、北两侧的入口将这个区域分开，但东（靠近河流）、西（奥古斯都陵墓）两侧的入口未受到影响。大型挂毯装满了室内空间，挂毯上绘制着各种植物，艳丽无比。其中，莨苕叶形的装饰最为突出，这是奥古斯都艺术当中最普及的主题，嵌板上面全都画着火把一般的粗茎，茎上长着绿叶，开着鲜花。其他植物也混杂在其中，包括月桂树、葡萄藤、川续断和洋蓟，还有银莲花、百合花、康乃馨等鲜花。野生动物有鸟类、青蛙、蜥蜴、蝎子和蜗牛等。在西侧靠近叶形装饰的基座上，一条蛇正觊觎着一个鸡舍，危如累卵——一只小鸡拼命逃脱。

奥古斯都和平祭坛的南侧（前）。奥古斯都出征西班牙，光荣凯旋实现了和平，为纪念他的伟大功绩，建起了这座祭坛。祭坛表现了罗马历史上的神话人物：马尔斯与罗慕洛斯和雷慕斯在一起（左侧），右侧的埃涅阿斯与奥古斯都皇帝的血统关联紧密。每一件装饰都是经典的奥古斯都华丽风格，它们被自然地融汇在一起。

左图：祭坛隔墙北侧（后部）的嵌板，描绘的可能是和平女神，也可能是忒勒斯（大地母亲女神），还有可能是更具寓意的形象如丰产女神（Plenty）。女神的身边环绕着正在安静地吃草的动物、乖顺的孩子们以及掌管空气和水的神明，象征着罗马和平带来的盛世。

下图：隔墙东、西两侧上部横饰带的截图，这支长长的队伍——可能是奥古斯都和平祭坛的落成典礼。上面有两个主要的人物，一个是奥古斯都，在最左侧；另一个是马库斯·阿格里帕，在中间。他们的头部都被罩住，做好准备带领人们进行祭祀。

　　隔板的上层装饰着人物和众神。开口的两侧展示着罗马传说中历史的场景。左前方，战神马尔斯在一旁注视，几个牧羊人发现了母狼正在给罗慕洛斯和雷慕斯喂奶。右边是特洛伊国王埃涅阿斯，他从特洛伊城逃出来，带领他的人民到达了意大利，埃涅阿斯在传说中是罗慕洛斯和雷慕斯的祖先。他的形象特征是用宽外袍盖着头（Capite Velato），正在祭拜，以纪念他创立的新王国。

右后方是一块严重损坏的嵌板，表现了这座城市的化身。左后方保存得非常完好，是奥古斯都众多艺术品中幸存下来最精美的塑像之一：一位女神的坐像，可能是和平女神或忒勒斯女神（大地女神）抱着孩子。她的近旁是其他神明，骑在一个海怪和一只天鹅身上，代表着空气和海洋。牛儿在歇息，羊儿在吃草，谷物和老鼠簕属植物从岩石中迸发出来。古罗马的和平给治下的人民带来了富足，给社会带来了繁荣。

长长的侧面表现的是游行队伍，有可能是表示这座建筑本身的落成并正式供奉。在高凸浮雕和浅浮雕中出现了一些变化，这些变化比较写实，充满着活力，队伍中最有特色的是皇亲国戚、高官显爵和宗教名流。有些人似乎很容易辨认，但学术界对其身份存有不同意见，争论了好几百年。

祭坛西侧表现了行进队伍的另一半，但保存不佳。嵌板上描刻了有些人携带着用于祭祀的神圣水罐，或预备敬献给阿波罗神的月桂叶，奥古斯都敬拜阿波罗为保护神。皇族成员，包括儿童，也与高级地方行政官一起在队伍中前行。行进队伍的前方安排了一名携带着束棒的扈从，束棒是罗马最高权威的象征。罗马的最高权威包括两位每年都经选举产生的执政官，他们是排在皇帝之后最高级别的治国官员。束棒由棒和斧子组成，代表着对肉体的惩罚，直至处以极刑。

正对着奥古斯都陵墓的东侧很长，是行进队伍的高潮部分。队伍后部的大多是皇帝的家族成员，其中有奥古斯都的妻子利维亚和女儿茱莉亚（在失宠前），家族里的男童戴着垂饰，这是一种圆形的护身符，他们会在青春期前一直佩戴着。队伍的前方还有更多的官员手里拿着束棒，他们的身后紧跟着一众高级祭司，包括头戴尖穗帽的祭司。当然，万众瞩目的目标必定离不开奥古斯都。很快，我们就会见到规规矩矩的马库斯·阿格里帕。他们的头部都用纱巾遮掩着，皇亲国戚们也都比其他人稍稍高一些。这座建筑物，尽管并不是规模最大或最富丽堂皇的，但涵盖了奥古斯都的宣传策略的一条重要主线——奥古斯都从残酷的征服者变为仁慈的和平创造者。

古罗马征服了古埃及后，埃及化的罗马（Egyptomania）文化迅速融入古罗马艺术和文化当中。

盖乌斯·塞斯提乌斯金字塔

　　并不是所有的陵墓都如奥古斯都的陵墓那样雄伟壮观，也并不都是圆形建筑。在罗马城的南部，坐落着盖乌斯·塞斯提乌斯金字塔（Pyramid of Gaius Cestius）。塔上的铭文记录着盖乌斯·塞斯提乌斯是一位负责国家宗教节日的官员，这座建筑用了 330 天就建成了，建造时间在公元前 18—前 12 年。金字塔高约 36 米，基座的宽度为 30 米。建筑材料主要为砖石和混凝土，外立面使用了卡拉拉白色大理石，至今保存完好，卡拉拉是意大利北部的一座城市，盛产雕像用的白色大理石。金字塔的内部是一间拱形墓葬室，墙上的绘画朴素而雅致。4 根大圆立柱矗立在金字塔的角落。16 世纪，人们在附近的区域发现了这些古迹，其中两座雕像底座上刻着铭文，一同发现的还有青铜雕像的一些碎片。

　　让人感到有意思的是，铭文告诉我们制作这些雕像的费用是通过卖挂毯（Attalici）获得的，这些质地精美的挂毯产自古希腊城邦帕加马（Pergamon），因而价格不菲。塞斯提乌斯希望把这些东西带到他的陵墓中，供他在来世继续享乐，但奥古斯都颁布的反奢华法令使他的想法落了空。很显然，他死后仍然留下了大量财产，铭文中就提及将阿格里帕作为塞斯提乌斯的一个继

对页图：盖乌斯·塞斯提乌斯金字塔东侧面的一段铭文。这段铭刻的文字记录了他作为高级祭司团中的一名重要成员所担负的角色，这个祭司团负责组织罗马最重要的宗教祭祀盛宴。

承人，不过，他还安排了其他多个继承人。塞斯提乌斯
通过赠送财富的方式谄谀取容，向这位皇帝献媚，对于
自己的家族永续的乘坚策肥、重金兼紫来说不啻为一剂
良方。在 3 世纪，这座金字塔被并入了城墙，因而得以
幸存。在中世纪，这座陵墓被误认为是"雷慕斯之墓"，
雷慕斯是罗慕洛斯的弟弟，而罗慕洛斯自己可能葬在
别处，那可能是一座更大的金字塔，距圣安吉洛城堡
（Castel Sant'Angelo）不远，但不幸的是在文艺复兴时期
被彻底毁坏。

　　这些金字塔建筑是"埃及化罗马文化"的一部分，
古罗马征服了古埃及后，埃及化的罗马文化迅速融入
古罗马艺术和文化中，其中包括古埃及化的标志性建筑

最初的盖乌斯·塞斯提乌斯金字塔是一座独立的建筑物，几座雕像熠熠生辉，大理石外立面经过专门设计。270年，这座建筑被并入奥勒利安（Aurelian）的大型环城城墙，这样做无意中保证了金字塔能幸存至今。

物、古埃及诸神、镶嵌图案中的古埃及形象、墙壁画、珠宝甚至餐具。在此期间，奥古斯都从古埃及抢回了许多巨大的方尖碑，用来装饰大型公共建筑物，如大圆形竞技场和他的陵墓，埃及化罗马文化就这样如火如荼地进一步繁荣发展了起来。

　　不过，英国作家托马斯·哈代（Thomas Hardy）对塞斯提乌斯的金字塔却不屑一顾。他轻蔑地说："那么，塞斯提乌斯是何许人也？他对我究竟意味着什么？这个人死掉了，葬在那里，就是为了留下一座金字塔……"哈代因此得出结论，建这座金字塔也没什么了不起，只是为新教徒墓地（Protestant Cemetery）附近的济慈（Keats）墓和雪莱（Shelley）墓当个指路牌而已。

奥古斯都的继任者

尼禄（Nero，左）和克劳迪乌斯（Claudlus，右）

劳迪乌斯留下的多座建筑物虽然数量不多，但实用性更强。

奥古斯都死后，留下了大量的歌功颂德式建筑物，他之后连续3位继任者的建筑与其相比，都黯然失色。奥古斯都的接班人是其继子——利维亚的儿子提比略，他不是奥古斯都最中意的人选，但他的名字会经常在奥古斯都的耳边被提起。然而，提比略是一位卓越的军队统帅和行政管理者。他在罗马广场修造了几座漂亮的建筑——卡斯特与帕勒克神庙以及奥古斯都协和神庙。在修建这些建筑时，他还没有当上皇帝，所以这些建筑的荣耀全都集中在奥古斯都身上。提比略本人喜欢过着与世隔绝的生活，所以他花了很多时间在卡普里岛（Capri）的朱庇特别墅（Villa Iovis）。这座别墅尽管金碧辉煌，但对罗马影响甚微。他临终前的那几年成为了偏执狂，纵欲无度，而且与元老院关系恶化。37年，提比略离世，他的侄孙盖乌斯，即卡利古拉（Caligula）继承了皇位。这位深受军队爱戴的新国君当时正值青春年少。人们希望他能带领人民回到奥古斯都时期那朝气蓬勃的时代，但这种希望很快就破灭了。卡利古拉沉湎于建造浮华虚夸的建筑，与自己的姐妹们过于亲密，很快堕落为偏执狂，杀戮成性。至于地标性建筑物，卡利古拉醉心于满足虚荣心，建造纯娱乐的项目，如内米（Nemi）湖上的几艘宫廷画舫，或者那不勒斯海湾用船搭起的浮桥。他把大部分时间都耗费在古罗马城东部的豪华大庭院的修建上。这座庭院有一座堂皇的宫殿、多座美丽的花园、让人叹为观止的喷泉，还有无数的雕像。从2022年起，这个庭院的一部分可以在维托里奥·埃马努埃莱二世广场（Piazza Vittorio Emanuele Ⅱ）上一座新建的博物馆内一睹真容。卡利古拉在 41 年被暗杀，他的叔叔克劳迪乌斯继位。很多文献重点讨论克劳迪乌斯的残疾情况，他被宣布即位时（还要被藏在幕帘后的贴身卫士扶住），但克劳迪乌斯设法缓和了与元老院的关系，强化了皇帝的权威。根据古罗马历史学家、传记作家斯威托尼厄斯（Suetonius，75—150 年）的记载，他留下的多座纪念性建筑实用性更强。他在波图斯（Portus）新修的深水港口可能是他最伟大的功绩，这座新港口位于古罗马最初的奥斯蒂亚（Ostia）港口的北方。没有这座港口时，装卸谷物的驳船无法从埃及运回足够的粮食，导致社会动荡。这座港口的建成，保证了百姓能吃得上饭。克劳迪乌斯对古罗马的用水供应也非常重视，这对城市的人口增长至关重要。他修建了克劳迪亚引水管道（Aqua Claudia）和阿尼奥·诺乌斯（Anio Novus）引水管道（Aqua Anio Novus）。所有这些项目都为他赢得了民心，百姓很拥戴他。54 年，克劳迪乌斯去世，随后被奉为神灵。他是奥古斯都之后，第一位获得如此殊荣的皇帝。

东大门

克劳迪乌斯尤其重视各种工程的实用性，从气势磅礴的东大门可见一斑。大门的巨大正面有意设计成看上去很粗糙的"粗琢"大石块，是古罗马城最与众不同的城门。不过。这座城门最让人感到有趣的特点并不是它的通行能力，而是有重要的设施从上面越过。这座大门是两条主要引水管道——克劳迪亚引水管道和阿尼奥·诺乌斯引水管道的一个交叉点，这两条管道架分别在两条主要道路的上方：卡西里纳路（Via

东大门是两条主要引水管道的一个交叉点，这两条管道架在两条主要道路的上方，成为解决一个实际问题的建筑。克劳迪乌斯和后来的皇帝们在外墙面和内墙面（此图所展示的）所刻制的铭文宣传了此善举的重要意义。

Casilina），向南通达蒙蒂卡西诺（Monte Cassino）和拉丁姆（Latium）；普莱奈斯蒂娜路（Via Prenestina），向东南方向通达普莱耐斯特（Praeneste）。52年，克劳迪乌斯将东大门这个枢纽立为纪念性的建筑物。后来的皇帝韦斯巴芗和提图斯（Titus）在大约二三十年后重修了这座大门。引水管道现在早已破碎，我们可以清楚地看到这些破碎的痕迹。上面的碑刻昭告平民是谁为他们建好了供水系统，百姓应当为谁歌功颂德，这套宣传给人留下了深刻印象。在所有的古罗马皇帝曾作出过的贡献中，克劳迪乌斯的行政管理以及水源的保证供应是最伟大的功绩之一。这个巨大的工程从公元前312年阿皮亚引水管道（Aqua Appia）建设时就开始了，到了200年，共建好11条引水管道向古罗马城供水，用于饮用、沐浴、娱乐和装饰。每天这些水道供水的总量超过了100万立方米，罗马成为历史上水源供应最佳的城市之一。

这些引水管道非同一般，主要是工匠们充分运用了混凝土的多种功能以及拱形结构一流的承载能力。

270 年，这座大门变成了奥勒利安所建城墙的一座城门，高架引水道的棕绿色石灰华支墩与奥勒利安的砖石结构形成了鲜明的对比。19 世纪，为了缓解日益增加的交通压力，有几处泥砖的填充物被拆走。

金色皇宫与尼禄巨像

尼禄（在位时间：54—68 年）皇帝是克劳迪乌斯的养子，他是奥古斯都家族的最后一位皇帝。尼禄即位时年岁虽轻，但很受民众欢迎和爱戴。他非常精通艺术，擅长赋词作曲并弹奏演唱。2023 年，人们在圣彼得大教堂（St Peter）和圣安吉洛城堡（Castel Sant'Angelo）之间的区域发现了一座虽小但装饰豪华的剧场。在古代，这个区域是尼禄的宫殿园林的一部分，这可能是普林尼所记载的尼禄的排练场地吗？尼禄曾到帝国东部的希腊游历，这是个文化氛围浓郁的地区。在那里，他参加了多次音乐比赛和战车竞逐活动（在古代世界，这些活动往往都与宗教节庆有关），他理所当然地经常会

对页图：东大门的上方，还有可能见到阿尼奥·诺乌斯引水管道和克劳迪亚引水管道的内部结构，尽管大城门已经坍塌。这两条引水道可能已满足古罗马城巨大用水需求的五分之一左右。

下图：罗马城东南郊区的再现图，显示出克劳迪乌斯新工程的直线结构——阿尼奥·诺乌斯引水管道和克劳迪亚引水管道，与蜿蜒的玛西亚引水管道（Aqua Marcia）交汇。罗马的高架引水管道取水的水源远在 80 千米外。

摘得桂冠。尼禄还参观了很多神殿和神庙，对那里一流的艺术精品赞叹不已。他还将很多艺术品带到古罗马城，装饰在自己的多处宫殿中，以彰显自己品位高雅、才艺超群、魅力非凡。但是尼禄还有着更残暴嗜血的另一面，比如他有多名妻子，其中有两位就不明不白地悲惨死去，很显然，他逃脱不了干系；自己的母亲小阿古里皮娜（Agrippina the Younger）之死，他也洗不清自己的嫌疑。他的暴戾恣睢、豪奢放逸也同样令人发指。64 年，罗马发生了一场大火，使全城的很多地方化为灰烬，尼禄把基督教徒当作了替罪羊（换句话说，是尼禄授意把基督教徒当作替罪羊），用各种各样的酷刑，使数千名基督教徒惨遭屠戮，包括把他们当作人体火把，为竞技比赛和赛车提供照明。实际上，尼禄最主要的建筑成就体现在这场大火以后的重建上。这场大火之前，他住在雕楹画栱、轩敞壮观的特兰西多利亚宫殿（Domus Transitoria），从巴拉丁山一直延伸到未来的大角斗场，这座宫殿大量装饰物的很多断简残篇，包括精美无比的内嵌大理石墙饰，现在都能在巴拉丁博物馆（Palatine Museum）见到。64 年的这场灾难发生后，尼禄侵吞了古罗马中心城区的大片土地，他大兴土木，修造了一座新宫殿，即金色皇宫（Domus Aurea），还建起了一座尼禄巨像（Colossus of Nero）。

金色皇宫占地辽阔，内有多座美丽的园林、花园，以及精雕细琢的天水楼阁，方圆有 80 公顷，大约是古罗马城面积的八分之一。这座皇宫异彩纷呈，宫内修建的一座大湖是其中一处美景，未来的大角斗场就建在这里。根据斯威托尼厄斯的叙述，这座建筑简直就是一座穷奢极欲、挥霍无度的展览馆，尼禄花天酒地的生活可以一览无余。"整座皇宫镶嵌的黄金和各色宝石恒河沙

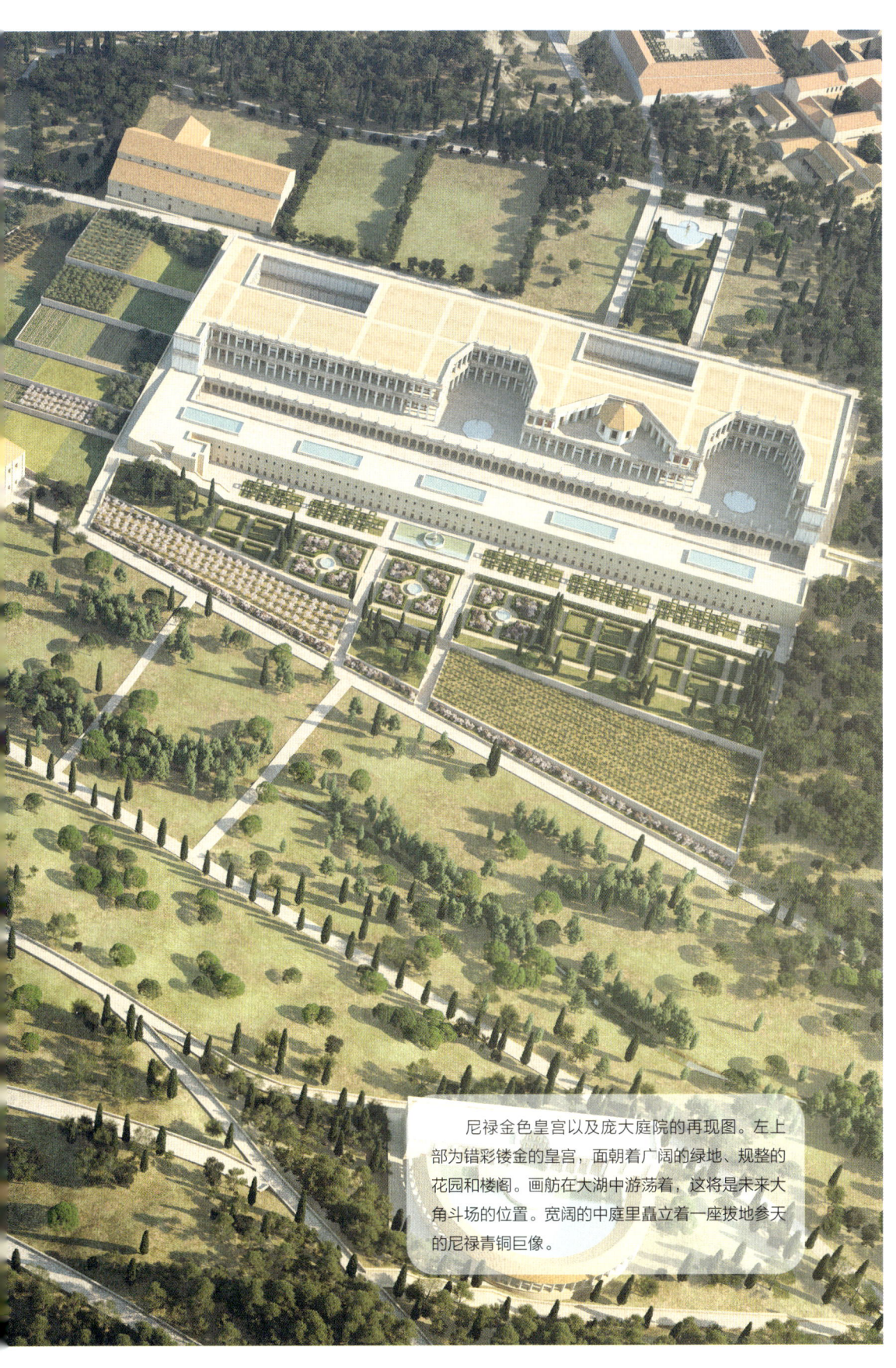

尼禄金色皇宫以及庞大庭院的再现图。左上部为错彩镂金的皇宫，面朝着广阔的绿地、规整的花园和楼阁。画舫在大湖中游荡着，这将是未来大角斗场的位置。宽阔的中庭里矗立着一座拔地参天的尼禄青铜巨像。

数……正式宴会大厅的天花板用象牙镶嵌，设有多座空穴，鲜花和香料就摆放在里面。"其中一处宴会场所呈现圆形，夜以继日地转动。当皇宫完工时，尼禄十有八九会说："我终于能像个人一样生活了。"

当今，在图拉真大浴场（Baths of Trajan）的废墟上，人们又一次发现了金色皇宫的 150 多个房间。房间的墙壁都是用大理石作外饰，天花板用灰泥制成，灰泥上绘有图案，天花板还用镶嵌画装饰着。在这座皇宫，绘画装饰随处可见，即使是在较为低等的区域也是如此。这种绘画装饰就是所谓的"第四庞贝风格"（Fourth Pompeian Style）的墙饰画，这种风格在 60—70 年风靡一时，其主要特征是大的色块材料配以较小的精心打磨的细部主题。另外，建筑上的细节也会起到陪衬和对比作用。

尼禄于 68 年去世，韦斯巴芗和提图斯把金色皇宫（他们填湖造地，在原址上建起了大角斗场）当作了寝宫。他们的继任者图密善（Domitian）在巴拉丁山为自己修建了宫殿。104 年，金色皇宫被一把大火烧光，再也没有重建。后来，图拉真几乎把金色皇宫夷为平地，为将来建造公共浴池腾出空间。15 世纪末金色皇宫的原址被发现，各式人等探访了皇宫幽暗的走廊，都为其非凡的装饰惊叹不已。游览者称这些阴森潮湿的空间为"意大利式岩洞"（Italian grotte），空间装饰以"洞穴类风格"（Grottesche）而闻名，这就是艺术词汇"Grotesque"（奇异风格）的起源。这些复杂而华丽的设计为梵蒂冈宫和其他许多宫殿天花板及墙壁的设计所借鉴。

诸多绘画作品拥有大量保存良好的精美装饰，但在皇宫里面寻找纪念物的行为导致这些装饰的严重损坏，皇宫内的湿气也是破坏装饰的罪魁祸首之一。潮湿的环境和建在走廊上面的图拉真几座大浴场压垮了皇宫，不过皇宫的一部分现在能够供游人参观。如今，这里的突出特色之一是图拉真皇帝所建大浴场的深灰色基墙。在尼禄时代，这些基墙的位置都是明亮、通风的房间。这里还有一座巨大的由廊柱围成的庭院，庭院的四周修建了至少 50 间宴会厅、喷泉屋和许多其他功能的华堂锦屋，所有的房间都是精雕细刻，精美绝伦。

　　这座壮观的八边形大厅在当时堪称里程碑式的建筑。八边的拱形结构变成了八边形屋顶，中间开了一个圆形口。这种创新后应用于万神庙的设计中。不过，这座大厅不能旋转，因为没有设置必要机械设施的空间。

　　八边形的大厅，是金色皇宫里装饰最豪华的房间之一。大厅的圆屋顶巧妙地从一个八边形的地基上建起来——这是罗马建筑史上的首次。这很可能是一间宴会厅，其地板和墙壁都用精细的大理石装饰着，大厅的圆屋顶用灰泥制成，镀着黄金，用绘画和美丽的玻璃镶嵌画装饰着。

复杂的"奇异风格"绘画装饰的细部。这种装饰贴在金色皇宫的天花板上。"奇异风格"绘画装饰的主要特征是，画面的四周环绕着旋涡状线条，想象力丰富的植物主题、人物、动物和建筑相应地烘托着画面。这种风格是文艺复兴时期的许多建筑物设计创作的源泉。

在金色皇宫尽头，耸立着一座尼禄巨像。这座青铜塑像高达 33 米，气势宏伟，意寓着太阳神。尼禄原打算在金色皇宫的前厅竖起这座雕像，用自己的塑像自然地替换掉太阳神形象。130 年，哈德良皇帝在这个场地建造自己的维纳斯与罗马神庙，所以将这座雕像移到夫拉维圆形剧场（Flavian Amphitheatre）附近。这座巨像似乎保留到了中世纪早期，之后就被推倒、融化。这座巨像的砖石和混凝土地基规模为 17.5 米 × 14.5 米，至今仍有 1 米的高度，在 19 世纪 20 年代再次被发现。在 20 世纪 30 年代，部分地基被毁坏。

第 3 章

新的建设者

夫拉维王朝的肇始

提图斯（左）和韦斯巴芗（右）

尼禄在 68 年被行刺。69 年发生了一系列的暴力骚乱，罗马帝国由 4 位统治者共同治理，这一年即"四帝共治年"。不过帝国的权力最终落入了 4 位统治者中的一位，即韦斯巴芗（在位时间：69—79 年）的手中，之后是他的儿子提图斯和图密善，这 3 位皇帝属于夫拉维（Flavians）家族。韦斯巴芗和他的长子提图斯都是英勇善战、功勋卓著的军队将帅，他们齐心协力再次统一了罗马帝国，打败了政敌，镇压了叛乱，尤其是犹地亚（Judaea）的叛乱。在占领了耶路撒冷并捣毁了犹太人的神庙后，他们将无数战利品运回了古罗马城。这笔巨额财富为他们的重要建设项目奠定了坚实的基础，其中最主要的是建设大角斗场（Colosseum）和韦斯巴芗广场（Forum of Vespasian）。

韦斯巴芗广场犹如一座文化圣殿、一座博物馆，侧身在一处五彩缤纷、芳香馥郁的玫瑰园中。

吸取了之前皇帝的教训，韦斯巴芗很尊重元老院。同时，69 年的那场骚乱不仅导致了建筑物和其他有形物的大量损毁，社会秩序也遭到了破坏，韦斯巴芗开始着手修复各种被破坏的建筑，恢复被打乱的秩序。临死前，这位深受人民爱戴的老皇帝将帝位传给了其长子提图斯。当时的提图斯非常蛮横霸道，百姓并不拥戴他——他应对一波大规模的流放、几起叛国罪的审判和没收财产负有责任（与犹地亚王后发生一桩令人震惊的风流韵事，这应认为是犯罪）。不过，79 年，发生了两起大灾难：一是维苏威火山（Mount Vesuvius）喷发，庞贝城（Pompeii）被火山岩浆彻底吞没；二是一次大火横扫了古罗马，提图斯果断处理，应对有方，重新赢得了人民的拥戴。他的建筑记录与其父亲的项目交织在一起——完工了一些史诗般的建筑物，如大角斗场以及和平广场。尽管他曾有过错，但到他去世时，古罗马作家斯威托尼厄斯还是将提图斯描述为"全人类的博爱者，为全人类带来了欢乐"。

韦斯巴芗广场

韦斯巴芗广场的用途简直与凯撒广场或奥古斯都广场南辕北辙。后两者所建的广场主要用于法律和行政事务，但韦斯巴芗广场却是一座文化和思考的场所、某种形式的博物馆，通过穷搜博采，将许多艺术杰作网罗在一起，特别是古希腊的艺术品。提图斯还别出心裁，将博物馆建在一处水浇条件优良的大玫瑰园里。在这样的氛围中，书香和花香、鸟语与水潺、精神与凡间，交织融合，韵味无穷。

75 年，韦斯巴芗在共和大市场〔Republican market，俗称牲畜大市场（macellum）〕为他修建的广场举行落成典礼。与其他皇帝广场几乎一样，韦斯巴芗广场建有一座巨大的露天广场，四周被高大的廊柱围住，方圆大约为 110 米 × 110 米，还树立着很多用埃及粉红色花岗岩雕成的立柱，发掘时还发现了几个独有的特色。露天广场的大部分面积不是铺就的，而是一个被踏平的地面，只有在某些局部才发现铺砌了的地面，原有 3 座长长的砖石特色结构中只发现了两组。砖石结构的附近是排水系统，这套系统铺设得较深，是由大理石修建的，意味着它们是装饰性的喷泉，与今天我们在公共场所见到的小喷泉类似。一丛丛的玫瑰花成排生长在这种小瀑布的周边，盛酒用的两耳细颈椭圆土罐的底部也进行了绿化，使人初见就可感到花园的气息。

　　像凯撒广场和奥古斯都广场一样，韦斯巴芗广场上也修建了一座神庙（和平神庙），是其点睛之笔，坐落在大角斗场的东边柱廊内。6 尊巨大的花岗岩立柱几乎高 15 米，构成了半圆形开敞式前廊，环绕着祭拜用的和平塑像。它旁边有一座图书馆、数间档案室和大量艺术品陈列室，让人眼花缭乱。在无数的奇珍异宝中，最显眼的是从耶路撒冷的犹太神庙中缴获的战利品，包括极珍贵的大烛台（Great Menorah，神圣的七千枝大烛台），这就相当于摆在提图斯拱门上的一种贡品，向世人炫耀古罗马军团攻占耶路撒冷后凯旋的荣耀和自豪。大烛台的命运昭示着在古代世界，艺术和文化像玩偶一样任凭战争的摆布。455 年，汪达尔

　　韦斯巴芗广场的再现图。这座广场是出于文化用途，广场内水流潺潺，绿树成荫，和平神庙也跻身其中。广场内铺满了长长的大理石水道，流出的水形成类似现代风格的水帘；芬芳夺目的玫瑰花丛密布，瀑布鲜花相互交映，美不胜收。

人（Vandals）把这尊大烛台抢到手后运回其邦国迦太基（Carthage）的都城。534 年，拜占庭帝国的将军贝利萨留斯（Belisarius）又把这个烛台占为己有，派人送回君士坦丁堡（Constantinople），敬献给拜占庭皇帝查士丁尼大帝（Justinian，在位时间：527—565 年）。查士丁尼把烛台送回了耶路撒冷。但是到了 614 年，波斯人（Persians）洗劫耶路撒冷时，这尊烛台最终不见了踪影。有一些阴谋理论认为，这尊烛台从未离开过古罗马，现在就保管在梵蒂冈内。

韦斯巴芗广场群布满了青铜像和大理石像，包括一头公元前 5 世纪的大公牛塑像，这尊公牛像是古希腊雕刻大师阿西娜·帕塞诺斯（Athena Parthenos）创作的。不过，大部分雕像是尼禄从古希腊抢劫的，运回古罗马后为他的金色皇宫增色添彩，但韦斯巴芗广场将这些艺术品摆放到了公共区域。和平神庙在大约 500 年时就已消失，其原因不得而知，但有幸的是，大量雕像幸存了下来。6 世纪的一位历史学家勾画出一幅韦斯巴芗广场草图，但没有和平神庙，图上画着一群牲口被人驱赶着穿过广场，其中一头牲口正与菲迪亚斯所创作的公牛雕像戏耍，逼真生动。

韦斯巴芗广场的西南方建有一座正方形大厅，现为圣考斯摩和达米安诺（Santi Cosma e Damiano）大教堂的正面，在 64 和 69 年的大火后，这里曾经作为城市测量员档案的临时保管室，所有建筑物、土地的城市建设规划和所有权证书登记都保存在此。为了预防将来可能发生的火灾，这座建筑的材料采用了坚硬的石材，拱形屋顶用了混凝土，这座大厅被取名为圣城神庙（Templum Sacrae Urbis），后来因多次火灾而损失严重，所以神庙被多次重建。

3 世纪初，赛普提密乌斯·塞维鲁（Septimius Severus）皇帝重建了这座大厅，工匠们把无数大理石精细地切割好，将墙的嵌板都换成大理石板块，完工后金碧辉煌，展现了古罗马传奇性的历史。530 年，统治者把这座大厅改建为圣考斯摩和达米安诺（Santi Cosma e Damiano）大教堂，万幸的是大理石壁龛和存放档案和记录的搁架都保存得相当完整。但不幸的是，17 世纪 30 年代，教皇乌尔班八世（Pope Urban Ⅷ）将地面向上抬升，把所有的装饰和配件都卖掉或毁掉。塞维鲁所做的巨幅古罗马城市规划图镶嵌在一堵内墙上，这幅巨图总共有 235 平方米，比例尺大约为 1∶250。这幅图的大约十分之一保存了下来，很多小碎片还是在 2000 年发现的，相信更多的碎片在未来可能会呈现在人们的眼前。这堵内墙至今仍然布满了小洞，用来装上卡子，以便将大理石规划图固定在合适的位置。

2006 年，在圣考斯摩和达米安诺大教堂的前方开展了发掘工作。结果显示，圣城神庙原来的地板都是正方形和圆形的，用彩色大理石切割制成，还发现了韦斯巴芗广场内的露天广场、台阶和花岗岩廊柱的一部分。楼层地板上还有用来放置水箱或大桶的小坑，表明中世纪韦斯巴芗广场可能被众多的商铺、市场和手工作坊所占据。

这幅巨大的完整城市规划图描绘在大理石上，显示出古罗马城从神庙到经济公寓的所有建筑规划。

大角斗场

在提图斯拱门的外面，韦斯巴芗广场的尽头，隐约可见一座巨大的建筑物，这座建筑历经近 2000 年的斗转星移，已然成为罗马亘古不变的象征，这就是大角斗场。对很多人来说，大角斗场是罗马最值得纪念的景致，也是罗马城自身的名片。大角斗场是古罗马最大的

韦斯巴芗广场还建有圣城神庙（Templum Sacrae Urbis），此处曾经保管罗马城市建设规划和房产登记的档案。在这座神庙的一面墙上，绘制了一幅巨大的罗马城市规划图。这张图清楚地展示了行政区划、街道、公共建筑、经济公寓。

圆形露天竞技场——一座设有特定目标的椭圆形建筑。这座竞技场专门用于展现角斗士之间的血腥肉搏、角斗士与野兽的生死之战、野兽之间的凶残打斗。在中世纪前，夫拉维王朝建好这座圆形场地后，古罗马人称它为"夫拉维圆形剧场（Amphitheatrum Flavium）"。这座剧场建于公元前 52 年，字面含义是一座"孪生剧场（Double Theatres）"，由两座木质结构的半圆形剧场组成，两座剧场共用一个轴心，变为一座巨大的半圆形结构。公元前 29 年，古罗马城建成了一座石质的圆形剧场，但在尼禄统治期间的大火中毁于一旦。

大角斗场矗立在金色皇宫的一座观赏性小湖泊的原址上。韦斯巴芗在 70 年开始建设这个巨大工程，80 年他的儿子提图斯皇帝接手后建成了大角斗场。起初，它只有 3 层，后来图密善皇帝又加建了第 4 层，他还用木地板替换了土质地面，现在大角斗场已进行部分重建（将来进行全部重建也说不定）。为了吸收打斗留下的鲜血血迹，地面上铺满了沙子（拉丁语为 Harena），英文的"Arena"（竞技场）因此而得名。竞技场下面修建了迷宫般的多条走廊，即地下室（Hypogeum），内设了许多单间小屋和兽笼，用于角斗士和猛兽临时栖身。下面还安装了多台升降机和其他精巧的设施，有了这些设施，舞台上会瞬间变换出动人的画面和场景。

大角斗场非常庞大——长 189 米，宽 156 米，高 48 米，仅仅竞技台的规模就达到了 83 米 × 48 米。大角斗场的建设耗费了成千上万吨的材料，包括用于正面和加固的石灰华石料，数量多达 10 万立方米；不计其数的泥砖和混凝土用于拱形建筑和基础工程；还有 300 吨的铁，铁只是用于制造固定砖石结构的卡具。而恰恰是卡具的挪动使建筑外立面布满了小洞，危及、弱化了这座建筑物，从而造成致命的损害。现在的遗址可以展现出"当年所有的结构细节"。只要石灰华表面脱落，脱落之处无不显示出这座大角斗场的巨大成功的诀窍——砖石与混凝土的混合使用无疑是一种绝配，使整座建筑既轻盈又牢固。

外墙的正面用托斯卡纳、爱奥尼亚和科林斯立柱和壁柱支撑装饰，最顶层上设有遮篷，木柱充当遮篷的支撑物。这座巨大的遮篷主要用于满足观众的防晒需要。遮篷操作者平时驻扎在附近特殊的兵营里，训练装配索具等，遇有需要时，被征召来操作角斗场的帆布遮篷。

大角斗场竞技台的全部记录没有保存下来，但是很多作家记录了可能存在的日程表。表演前几天，有关当局就在大街小巷的墙上张贴广告，分发传单，列明角斗士们的详细情况、日程安排，哪些遮篷将会升起，哪些

大角斗场历经近 2000 年的斗转星移，岁月沧桑，已然成为今天的罗马亘古不变的象征。

这就是夫拉维圆形剧场，是一座完美的宣传性建筑物，也是古罗马最大的竞技场。现在的大角斗场是它的北侧，保存状况最佳。大角斗场上的铭文声称它是用从已被征服的犹地亚（Judaea）行省运来的黄金制成的——凸显罗马帝国的强大威力以及皇帝们的无上权威。

不会升起来。在那个时代，无论是出于政治角度还是社会角度，角斗表演都十分重要。民众非常拥护、爱戴角斗表演的赞助者们。鉴于角斗表演的巨大开销和在民众中的隆声广誉，在罗马组织这项活动就成了皇帝才能拥有的垄断特权。

当天，盛大的角斗表演以一个队列的行进拉开了序幕。这个队列由角斗士、野兽和野兽狩猎人组成。战鼓、喇叭、长笛和水风琴（Water Organ）演奏出震耳欲聋、振奋人心的声音。首先是较为轻松的娱乐节目，体操运动员、变戏法的艺人、杂技演员轮番上场，还有动物的表演。后来的节目就变得非常血腥了。动物间的打斗、动物与受过专门训练的狩猎者的肉搏——这时角斗士还没有上场。角斗士们从不与野兽搏斗，而是与狩猎

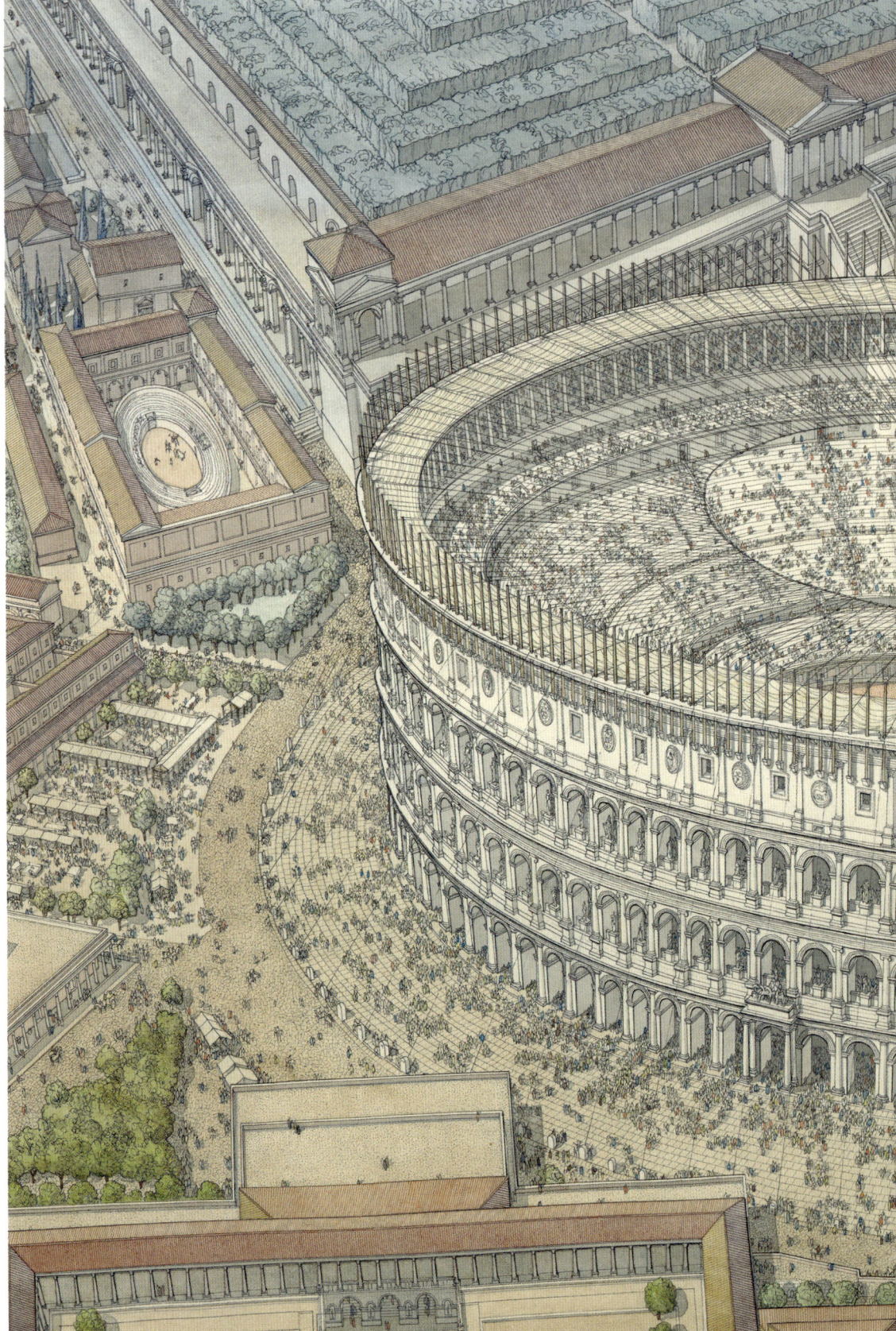

4 世纪 30 年代大角斗场的再现图。观众通过编有序号的入口到达指定座位，这些座位是根据社会地位来分配的。顶部放置着绳索组成的大网，用来操纵巨型帆布遮阳棚，现在依然可见当年的痕迹。右下角是尼禄的巨像；左方以及四周，都是卖食品、饮品和纪念品的各种摊档。

者进行搏杀。最后是处决罪大恶极的罪犯，如叛国罪或
亵渎神庙。此类囚犯、与古罗马为敌的人，以及破坏社
会秩序的人应当被野兽撕裂吞噬或者应当活活烧死。

　　在竞技台中，各类动物是娱乐活动的关键角色。随
着时间的推移，大众越来越喜爱斗兽表演，需要的外来
动物数量越来越多，所以皇帝不惜花费巨资，穷搜博采
各地的野兽来满足民众的需要。为了庆祝大角斗场的落
成，提图斯皇帝豪奢放逸，连续举办了 100 多天的娱乐
表演。在此期间，数千头动物被屠戮，有大象、狗熊、
狮子。甚至是在兵戈四起、动荡不安的 3 世纪，普洛布
斯（Probus）皇帝还在 281 年展示并杀掉了数百头狮子、
狗熊和豹。

　　下午，表演就达到了高潮：角斗士们该上场了。他
们最早可能是在亚平宁半岛中部和南部的葬礼上进行表
演，旨在昭示逝者的荣耀，抚慰嗜血精神。公元前 260
年引入古罗马城后，在豪门、官宦的葬礼和其他场合大
受欢迎。角斗士原先只在空旷的场地打斗，甚至在皇帝
修建的广场上，但从公元前 1 世纪开始，角斗士的表演
越来越多地在专门修建的竞技台上举行。角斗士多个回
合的搏斗成了节目单中不可或缺的内容，随着动物打斗
的引入，娱乐节目的时间就越来越长了。

　　角斗士中的大部分都是奴隶，他们没有任何权利，
由主人控制着。他们在一座专门的营地接受训练。最有
名的训练营坐落在古罗马城和加普亚（Capua），后来
发动叛乱的角斗士斯巴达克斯（Spartacus）就是在训练
营里学习了技能。角斗士们尤其要训练搏击风格，如
色雷斯（Thraex）格斗风格或直接持网和三叉戟搏斗
（Retiarius），这些角斗士手持特殊的武器，掌握多种搏
击技法。某些经过搭配的角斗士会被专门安排在一起相

下图：土耳其士麦那（Smyrna，
现土耳其伊兹密尔市的旧称，译者
注）的一个浮雕作品，表现了身配
兵器的人带领着几个锁着的罪大恶
极的囚犯——战俘或被判犯重罪的
人、奴隶和在竞技场上被观众判处
死刑的人。与角斗士不同，这些倒
霉的重刑犯通常被解除了武装，推
到饥肠辘辘、凶恶残暴的野兽面
前——这种惩罚提示人们必须要无
条件服从帝国的统治。

右图：一名角斗士的头盔，被称作色雷斯。虽然角斗士是奴隶，但他们所拥有毫不畏惧的勇猛气概，因而受到了人们的敬仰。这些人平常作为特殊的角斗士接受训练。他们配备了专门的盔甲和兵器：色雷斯头盔和一把沾了剧毒的弯刀。这副头盔装饰着蛇发女怪美杜莎（Medusa）的头像和几条海豚。18世纪60年代，在庞贝古城遗址的一处角斗士营地发现了许多副盔甲，图示为其中的一副。

互搏杀，比如持网和三叉戟的角斗士与持短剑或匕首的追逐者（Secutor）一起，这样会使搏斗更加势均力敌，也更有趣味。尽管观众喜欢观看带血腥的表演，但角斗士的技能和专业水平更为重要。所以，角斗士并不是要格斗至最后一口气（他们是一种珍贵的经过严格训练的有限资源）。

随着角斗表演的进行，一种有趣且生动活泼的场面会出现在一场搏击的最后阶段。假定被打倒的角斗士没有立刻死去，那么在场的皇帝，也就是罗马最有权势的人，必须决定这个角斗士的命运。皇帝会转向观众——此刻全体观众拥有决定角斗士命运的权力。所以当比赛结束，角斗士们离开竞技台时会倍感自豪，即使被对方打败，只要他打斗得勇猛果敢，能让观众开心就行。如果一位角斗士摘得某场格斗比赛的桂冠，其主人通常就会允许他们保留部分奖金。很多角斗士光荣隐退，名扬四方，腰缠万贯，他们自己也会拥有角斗士，并组织他们开展训练，以赢得更多的荣耀。角斗士不只是男性的专利，还有一些女性角斗士，但很稀少。例如，在大英博物馆展出的亚马孙（Amazon）和阿基里亚（Achillia）浮雕像，这些浮雕是从古希腊城市哈利卡纳苏斯［Halicarnassus，即现代土耳其的博德鲁姆（Bodrum）］收集的。

　　尽管角斗士们（还有驾战车的人）是奴隶，但他们是传播媒介的明星，也是性欲的象征。他们身上的男子汉风采、精湛的搏击技巧以及健壮的体魄所带来的吸引力令人喜爱。尤文努写道：一位元老院元老的妻子名叫埃彼亚（Eppia），爱上了角斗士塞尔吉乌斯（Sergius），与她的角斗士情人一起私奔到了埃及。塞尔吉乌斯受伤后伤口感染，留下很多伤疤和溃疡，一只眼睛还经常流泪，情况非常糟糕，但这都无关紧要，挡不住埃彼亚的一往情深。

　　大角斗场的影响非常深远。为建设这座角斗场，征用了大量劳工和牲畜，辛苦劳作了 10 年，成堆的建筑材料多得就像一座山。大角斗场完工后，自然就吸引了数万名观众前往观赏表演。大角斗场所在区域也必须提供必要的基础设施，保证他们的吃喝和其他需求。2020年初，考古学家挖掘了大角斗场下面的排水沟，发现动物的遗骸，包括狮子和狗熊，考古学家推测它们是在竞技台被杀戮的，有趣的是，还发现了坚果、樱桃、桃子和其他零食的遗迹，应当是观众在欣赏"娱乐节目"期间的惬意享受。此外，还有一些特殊气味和嘈杂喧闹之声。这些气味源自被圈在下面的数百只动物或躺在沙子上濒临死亡的动物。所有这一切都是在这座城市的心脏地带发生的，靠近罗马广场。

大角斗场的历史悠久，命运多舛。在最上层的内墙上那些二手石材（Spolia）是开展的修葺维护工程的明证。217 年，大角斗场遭受了一次雷击后进行了这次维修（各种表演暂时转到了大圆形竞技场）。一些碑刻铭文记录了 5 世纪和 6 世纪进行的数次修复工程，但各项表演越来越难以为继，因为各项费用飞速上升，角斗士和野兽也越来越缺乏。然而，社会在发生变化，历史无法逆转。5 世纪初，信奉基督教的皇帝们禁止角斗士的表演。523 年，野兽间的打斗也终止了。发掘工作显示，大角斗场很快就陷入破损失修的状态，一副衰败景象，不过它依然引发了人们无穷的想象力。英国僧侣圣比德（Bede）在 720 年写道："只要大角斗场屹立不倒，古罗马将屹立不倒；一旦大角斗场坍塌，古罗马将崩溃；如果古罗马衰败，世界将黯淡无光。"

在中世纪，大角斗场变成了一座"堡垒"，它被大量的住宅、商铺、教堂甚至一座墓地所占据。这座巨型建筑保存得相当完好，直到一次大地震（可能在 1349 年）震塌了南侧的大部分结构。由于固定石工的卡子移动了位置，这座竞技场的牢固程度变差。2022—2023 年开展的发掘工作发现了坍塌区域的大量痕迹。这座建筑物由于坍塌形成的石头小山在以后的几个世纪成为石料厂，为许多教堂和宫殿的建设提供石料，包括圣彼得大教堂和朱庇特博物馆。1452 年，光是一个承包商就运走了 2500 车的石料。长久以来，大角斗场的内部也遭到了残酷无情的掠夺、肢解，只剩下破瓦颓垣，现在我们能看到的只是它的混凝土轮廓。17 世纪末，大角斗场沦为采石场的悲惨命运终于结束了。当时，教皇们把这座建筑尊奉为"基督教的殉道者"，过了大约一个世纪后，在其拱廊"被破坏严重的几个末端结构"建起了几堵扶壁。否则，这些拱廊就会像多米诺骨牌那样完全倒塌了。

　　说来也怪，大角斗场的废墟竟然蕴含着罗曼蒂克的氛围，触发了许多如歌德（Goethe）和拜伦（Byron）等作家、卡纳莱托（Canaletto）和特纳（Turner）等画家的创作灵感。其魅力的一部分来自在这座废墟上生长的一大片植物群落，它们馥郁茂盛、苍翠欲滴，简直令人不可思议。1855 年，英国植物学家亨利·迪金（Henry Deakin）对大角斗场内的这些植物进行了分类，共发现了 420 多个物种，但悲哀的是，在 19 世纪 70 年代，这些植物被全部铲除。

　　现如今，废墟中的大角斗场依然比其他许多建筑物的主体结构更令人震撼，它对游览者的影响可能与它在古代的影响同样震撼。在观访罗马所有的古建筑时，人们会带着诸多期许、己见和文化认同感，走进这座大角斗场的遗迹。有些人来到这里，会沉浸在这浓厚的历史感中，对古罗马人似乎触手可及，从而倍感兴奋，人们仿佛看见了皇帝和古罗马社会的方方面面，宛如当年的

座次等级

　　这座大角斗场作为一座公共建筑，它的最大可容 6 万人。观众可从 80 座拱形入口入场，在指定的座位就座，拱形入口上的拉丁文编号数字至今清晰可见。由于各种赛事都有人赞助，所以观众可以免费入场——赛事的拉丁语名字是 munera，字面意义是"礼物"，但待遇和座位的安排取决于社会地位。皇帝、祭司、维斯塔贞女和元老院的元老的座位安排在最靠近竞技台的位置，之后是特权阶层和其他金门玉户，再后面是普通民众，奴隶、非公民和妇女的位置最差，安排在最高层，在一座门廊下方的木质长椅上。还有一些预留位置——大理石座位区域上刻着文字，留给某些贸易行会和外国的金印紫绶。实际上，这座竞技场是古罗马社会的一个缩影，荣耀和权力等级分明。

如今大角斗场内部的情形。经过数百年的衰败，加上有人偷拆石料，如今就只剩下了一副瘦骨嶙峋的骨架了，即使这样也显示出当年的巍然屹立。角斗场竞技台的下面是一座复杂的地下室，里面安装着升降机和陷阱门，可以突然将人和动物向上推到竞技台上，甚至还能把整个区域的布景全部推到舞台上。

各种打斗就在眼前进行着，人声鼎沸，喧闹嘈杂，上演着一出出裘马清狂、乘肥衣轻的盛世华章。对其他人而言，还会产生一种现实的不祥之感，人类之间的生死屠戮，动物之间的残酷搏杀就在此地发生，旁观者眼睁睁地看着他（它）们悲惨死去，简直让人不寒而栗。更加令人不可理解的是，古罗马人非常热衷于此，他们如此看重的这种娱乐方式，竟被置于社会的核心地位。

无论大角斗场的历史对每一位参观者意味着什么，但它依然是罗马最令人震撼、最有影响的纪念性古建筑物之一，对理解这座古城的精髓至关重要。

提图斯拱门

　　在罗马广场东端神圣路（Via Sacra）的最高处，就是提图斯拱门（Arch of Titus），它在许多方面都是广场区域的一个象征。提图斯拱门宽 13.5 米，高 15.5 米，是图密善皇帝在 80 年为纪念他的兄长提图斯（在位时间：79—81 年）而修建使用的，充分证明这座建筑是在提图斯死后建成的，提图斯本人被追封为神。面朝大角斗场方向的铭文完整记录了以"罗马元老院与人民"（SPQR，Ssenatus Populusque Romanus）的名义落成拱门时的盛景，也是为了纪念提图斯和他的父亲韦斯巴芗。70 年，古罗马征服了犹太人后，在这座拱门欢庆他们的胜利，随后在古罗马城举行了盛大的凯旋阅兵仪式。这个完整场面被以浮雕的形式雕刻在一幅窄石块上，所有的侧面都接续了这个浮雕内容，但只有拱门东侧（面向大角斗场）的上方部分保留了下来。许多较大的嵌板上夸张的高凸浮雕装饰着拱门内

对页图：提图斯拱门，是图密善于 1 世纪 80 年代建造的，坐落在罗马广场的东大门。这座拱门曾经镌刻着青铜字母，非常壮观。图密善是为了纪念自己的兄长提图斯和父亲韦斯巴芗而建的这座拱门。

右图：提图斯拱门的内部装饰上保留了庆祝韦斯巴芗和提图斯攻克犹地亚后凯旋的浮雕场面，这块嵌板表现了士兵们扛着耶路撒冷神庙大量珍宝中的两块：摆放未发酵饼的桌子和左方的大烛台。

部，这些高凸浮雕至今依然保存完好。在其中一面，浮雕
展示着从耶路撒冷大神庙（Great Temple）抢来的战利品，
包括大烛台。其他士兵手持标语牌（Tabulae）。在真实中
的凯旋式上，这些标语牌上描绘的是攻占城市和民众的名
字及形象。一队士兵肩扛放在轿上的方形物体，可能是
摆放无酵饼的桌台（Table of Showbread），轿子有几根杆支
撑着。烛台和其他珍品被送到了韦斯巴芗广场，保存在他
所建的和平神庙中，从那之后的 400 年，烛台就一直被安
放在神庙里。在另一侧面，表现了提图斯乘坐一辆二轮战
车，头戴胜利王冠的形象，而古罗马女神自己则牵引着几
匹高头骏马。在拱门拱顶的内侧，刻画了提图斯骑在一只
鹰上，飞向天堂的情景，此时正是他被奉为神明的时刻，
被美丽的花格镶板和鲜花环绕着。在古罗马时代，罗马广
场上不但修建了各种光耀千秋的建筑物（我们今天仍能见
到它们的遗迹），而且还有其他建筑、神庙和雕像，现在
这些建筑都已消失得无影无踪。这些建筑群当中最壮观的
景象之一就是一组与真实尺寸一样的青铜大象雕像，这
些大象靠近提图斯拱门（Arch of Titus），一直保留到了 6
世纪。

　　到了中世纪，提图斯拱门被弗兰吉帕尼（Frangipani）
家族改变成了一座堡垒。它的对面（和上面）随之又
建起了一些房屋和其他建筑，但在中世纪的后期，部
分建筑被拆除了。19 世纪 20 年代，整座建筑已处于非
常危险的状态，考古学家朱塞佩·瓦拉迪耶（Giuseppe
Valadier）代表教皇派厄斯七世（Pius Ⅶ）彻底拆除并
重建了拱门。重建工程穿越西侧（面对着罗马广场）。
当时朱塞佩·瓦拉迪耶决定采来当地的石灰岩大理石，
用于填满被拆走而留下的空隙，当地大理石的一大特色
就是其表面密布着许多麻点。

上图：19 世纪初叶，产自雅典的潘泰里克（Pentelic）精美大理石建成的提图斯拱门的状况极度恶劣——旁边能够支撑拱门的结构建筑的拆毁加剧了恶化的程度。19 世纪 20 年代，人们实施了拱门的复原工程，拱门中被损坏或丢失的大理石用当地产的石灰华代替。图示这张照片是在 19 世纪末拍摄的，清晰展现了拱门饱经风霜的现状、中央区域和较为整洁的两侧，这两个侧面是在修复工程中重建的。

下图：19 世纪早期绘制的提图斯拱门画面，表现了曾经繁华的古罗马城如何蜕变成落败的荒郊野外的——横贯整个 19 世纪，这种情形一直在延续着。穿着传统服饰的人们的上方是一块大嵌板，表现出提图斯的文治武功。提图斯皇帝乘着战车，胜利女神在侧陪伴，率领着他的凯旋大军列队庆祝成功镇压了犹太人的叛乱。无论提图斯当年是多么的轩昂不凡，但这一切都已灰飞烟灭，与画中的人们无碍，他们或富贵，或贫穷，照旧过着他们的日常生活。

图密善

（在位时间：81—96 年）

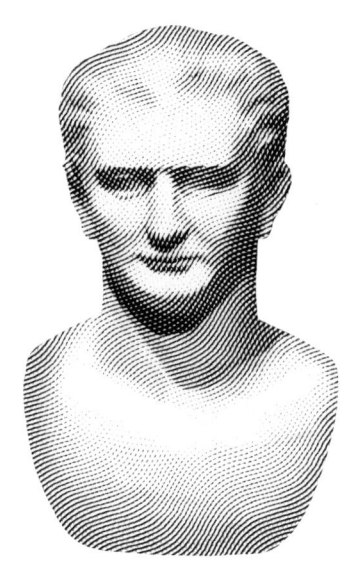

韦斯巴芗和提图斯死后，图密善于 81 年继位。他即位时根基牢固。他在莱茵河和多瑙河的前线纵横驰骋，捷报频传；开展推动了公共和个人的新道德活动。此外，他还改革了政府的行政机构和古罗马城生活的多个领域。愿望虽美好，现实却残酷，悲哀的是，这一切却失控了。有几位维斯塔贞女被判处了死刑，他还党同伐异，清除异己，这招致了民众的强烈不满，他的政敌伺机而动，煽动暴乱。元老院和其他多种力量都与他势不两立［甚至包括皇后图密迪娅（Domitia）］。最终，图密善落得个众叛亲离的下场，于 96 年被暗杀。

图密善即位时，夫拉维王朝大兴土木的建设施工正热火朝天地进行着，他继续加大力度。除了建设敬献给被他奉为神灵的兄长提图斯的拱门外，他还在罗马广场上的大档案馆（Tabularium）内建造了提图斯神庙和韦斯巴芗神庙。同时，他还修建了第四座皇帝广场，修复了朱庇特神庙和维斯塔贞女之家。图密善在巴拉丁山上修建了一座壮观的宫殿，在马尔提乌斯校场内建了一座大型露天运动场——希腊风格的运动竞技场地。他因遭到一些贴身侍卫的暗杀（其中一名以前还是角斗士）而名誉扫地，因此他在建筑方面取得的成就显得黯淡无光。元老院也非常憎恨他，对他大张挞伐，显然对他的死起到了推波助澜的作用。在这危在旦夕的关头，图密善在军队的巨大威望也没能挽救他。元老院对他的指责意味着他肯定不可能被奉为神明了。斯威托尼厄斯叙述

民众"要求把楼梯上所有与这位皇帝有关的东西统统推下去，然后看着这些东西掉在地上摔个粉碎。"

——斯威托尼厄斯

道：民众是怎样焚骨扬灰，"要求把楼梯上所有与这位皇帝有关的东西统统推下去，然后看着这些东西掉在地上摔个粉碎。根据元老院的法令，所有有关他的铭文都要彻底清除或销毁，有关他的所有痕迹必须全部抹掉"。

维斯塔贞女之家

在罗马广场的中心地带紧邻维斯塔神庙的区域，图密善重建了维斯塔贞女之家，供守望圣火的贞女们、刚入会的新人、退隐的维斯塔贞女以及无数的奴隶居住。退隐的维斯塔贞女依然拥有着女祭司的名分。一排双层柱廊环绕着一座 61 米 × 20 米的大庭院，庭院里有多间宴会厅、一个沐浴套间和一间面包房（为隆重的祭祀活动制作特殊圣饼），地面上的部分空间保存至今。这里还有两座中心水塘，水塘的四周全是雕像和基座，这些设施都是供地位较高的维斯塔贞女们专用的。最初大约建造了 100 尊这类塑像，但现在只有 30 尊保留了下来。19 世纪，意大利考古学家鲁道夫·兰恰尼（Rodolfo Lanciani）在大庭院南侧一处石灰窑乱糟糟的垃圾堆中发现了这些雕像。这座不寻常窑洞历经数代竟然没有被焚毁真是神奇，个中缘由不得而知，但附近灰烬和石灰的大量散落显示出其他雕像是怎样被无情地烧尽的。

在这座庭院中，人们只发现了一尊带基座的维斯塔贞女弗拉维娅·帕布利西亚（Flavia Publicia）的雕像。3 世纪中叶，她是一位高级别的维斯塔贞女。兰恰尼将她描述为"身材高挑，举止雍雅，面带甜美的微笑"。最后一位高级维斯塔贞女柯艾利亚·康科迪娅（Coelia Concordia）是在 4 世纪 80 年代委任的，当时她强烈反对基督教教义。根据民间传说的记载，一位皇室公主在 4 世纪 90 年代走进维斯塔神庙（根据帝国法令，这座神

一位维斯塔女祭司的雕像。她梳着六绺发辫的特殊发型，头上盖着与肩等长的罩纱。这件罩纱可能是白色的，织有紫色镶边，中间用一枚胸针扣住。她穿着飘逸的长袍，在胸部下用一条腰带束起，打了个赫丘利斯（Hercules）扣结。

庙其时已关闭），从这位女神的雕像上取下了一条项链。康科迪娅因此诅咒了这位公主。不知何种原因，公主不得善终，早早就离开了人世。

异教信仰遭强令禁止后，维斯塔之家最终被废弃。6 世纪和 7 世纪，这座建筑逐渐被改建为大量的私人寓所。10 世纪，不可胜数的英格兰硬币被埋在这里。这个现象充分表明，即使罗马帝国国运衰败，但罗马依然维持着重要的贸易（和宗教）中心地位。犹如这座罗马广场的大部分区域一样，维斯塔之家在 1540 年遭到彻底洗劫，所有可用的建材都被拆掉，运去修筑新的圣彼得大教堂。

图密善大型露天运动场

位于纳沃纳广场（Piazza Navona）的图密善大型露天运动场（Stadium of Domitian）就是图密善皇帝所建的让人震惊的建筑物之一。这座独具特色的露天运动场呈超长外形，它的南端为平坦状，北端为圆形，今天我们看到广场的这种特殊形状是由于现代建筑直接建在图密善大型露天运动场的遗址上，这座运动场的建设时间是在 1 世纪 80 年代。除了特殊外形之外，它的名称纳沃纳广场（Piazza Navona）使人想起运动场（Stadium），因为几乎可以肯定的是，纳沃纳（Navona）是从 Agonis 演变而来的，意思是"竞技、竞赛"。

图密善大型露天运动场大约长 275 米，宽 106 米，能容纳 3 万名左右的观众。其外壁用亮闪闪的石灰华建着两层拱廊，呈现出爱奥尼亚式和科林斯式的建筑风格，正如大角斗场上的结构。当初建这座运动场是为了满足不同的娱乐需要，不过，竞技体育如赛跑、摔跤、拳击和掷铁饼是主流。运动项目是以朱庇特神的名义举办，全部组织和运行都以古希腊风格（运动员裸体）开展。赛普提密乌斯·塞维鲁（Septimius Severus）还首开女性参加比赛的先河。由于观众经常对女运动员的评点，粗俗下流，有伤风化，所以女性参加比赛很快就被取消了。当大角斗场损坏时，这座露天运动场还主办了角斗士的格斗表演，一些罪犯和与本国为敌的人，如当时的基督教徒，也在这里被执行了死刑。303 年，圣艾格尼丝（St Agnes）可能就是在几座妓院中的一座殉道的，这些妓院如雨后春笋般出现在大型露天运动场的拱形游廊周围，就像妓院在其他的娱乐场所如大圆形竞技场（Circus Maximus）的出现规律完全相同。220 年，塞维鲁斯·亚历山大（Severus Alexander）为了补充维修基金，对建有拱廊的公共建筑进行维护，开始对逡巡在拱廊一带拉生意的老鸨和妓女们进行征税。

这座建筑的大部分结构和座椅直到 16 世纪初都保存完好，从那以后，被大肆拆毁用作其他建筑的材料。但内部的住宅和教堂都保持了大运动场的外观，不过，广场本身依然是举行会议和休闲娱乐的中心之一。1652—1865 年，每年的 8 月周末都从罗马引水道的贞女水渠（Aqua Virgo，意大利语为 Acqua Vergine）放水溢满涅尔瓦广场（Forum of Nerva）的中心区。富有的民众可以在"湖中"驾驶着自家的马车，穿过水流形成的喷泉，四处兜风游荡，其中的方尖碑（巧合的是，由图密善皇帝运到古罗马城）耸入云端，俯瞰着戏水的人们。

20 世纪 30 年代，人们发现了图密善大型露天运动场的北端（圆形）的一部分，现在已对外开放供游人参观。已经开展的发掘工作找到了一座大门，大门由一些石灰华壁柱构建而成；还发现了许多由砖石和混凝土墙

纳沃纳广场的鸟瞰图。这座广场中图密善大型露天运动场的外观保存得相当完好，运动场位于纳沃纳广场的下方。图密善将此地建成一处体育运动的竞技场，如拳击和赛跑。当今，这座广场内分布着包括圣艾格尼丝教堂（Church of Saint Agnes）在内的大量建筑。艾格尼丝是一位基督教徒，4世纪初，在大型露天运动场附近殉道。

构成的起分隔作用的"楔形物",以及用于上层地板和通往二层楼梯的拱顶结构。一些砖石壁柱还存有厚石膏外层的痕迹,意味着当时它们被刻上了沟槽,更像大理石饰板。从雕像被摆放在这些壁龛里的那一刻算起,它们的命运注定就是厄运了——两尊不同的雕像只留下两个大理石制的足部,其他材料的经过不同时期的风雨侵蚀,纷纷沦为建设者的石灰了。

涅尔瓦广场

　　由于与元老院尖锐对立,图密善所建的广场从未被认为是他的功绩。它被命名为涅尔瓦广场。涅尔瓦是一位备受人们尊敬的外交家、政治家,在图密善之后继位成为皇帝。这座广场又名"变形广场"（Forum Transitorium）,因为它将一条古道阿吉莱图姆（Argiletum）路并入,这条道路自中心城区开始穿越了罗马广场,直到台伯河。在这座广场的下方,加上后来修建的管道,勉强可称为全线贯通,这就是大型排水设

　　一幅 18 世纪纳沃纳广场中的"湖景"画。自 1652 年,多位教皇都会决定在 8 月的几个周末冲刷这座广场,这既是一种异想天开的做法,又能够消暑纳凉。广场上几座喷泉的水喷涌而出,溢满中央区域（之后凹形地面也被注满了水）。富贵人家会驾着马车（或者划着船）在湖中游荡享乐,穷人们则双脚沉浸在水中,或者撩着水戏耍。这个习俗一直持续到 1865 年才终止。

施（Cloaca Maxima）。

涅尔瓦广场的两侧都受到了严重的挤压，奥古斯都广场压缩了左侧，韦斯巴芗广场与和平广场压向了右侧。它的后面是中心城区，前面是埃米里亚方形会堂（Basilica Aemilia）和罗马广场。广场规模的长宽为 117 米 × 39 米，属于细长形，显得非常狭窄，所以无奈之下，诸多廊柱必须放置在十分靠近边墙的位置，起不到真正的荫蔽人行道的作用。3 世纪初叶，亚历山大·塞维鲁（Alexander Severus）皇帝发出指令，限制空间进一步扩张，他的做法是用所有被封为神明的皇帝和皇后的雕像充填这座广场。涅尔瓦广场的核心是密涅瓦神庙（Temple of Minerva），智慧女神密涅瓦是图密善皇帝的保护神。廊柱顶端修建的装饰性雕带表现了密涅瓦的部分生平，突出她作为手艺人女神的重要角色，通过自然联想和推断，古罗马人认为她也是女性和家庭的保护神。

密涅瓦神庙与涅尔瓦广场廊柱的大部分一直到中世纪都保存得相当完整，一位英格兰僧侣马吉斯特·格雷戈里（Magister Gregory）对此大发感慨。他在 12 世纪写道：密涅瓦神庙"曾经是一座辉煌的建筑，但是基督徒们齐心协力将它摧毁了。岁月不居，世事无常，密涅瓦神庙满目疮痍，废墟遍地……眼前剩下的都是红衣主教们的谷物仓库。现在这里有一大堆破碎的雕像，这是一尊无头的帕拉斯（Pallas）雕像，有把手，立在山墙上，真是一个奇迹"。

16 世纪末的印刷物展现了密涅瓦神庙一半以上的部分依然处于完好状态。但神庙有个处在低位的用混凝土和砖块构建的大拱门，右侧只留下两根圆立柱，几个世纪以来被称作"邋遢的旧圆立柱"（Le Colonnacce），在

100 年，涅尔瓦广场的再现图。尽管这座广场是以涅尔瓦的名字命名的，但广场本身和广场上的密涅瓦神庙（Temple of Minerva）是由图密善皇帝建造的。涅尔瓦广场受到周围几座广场的挤压，变得狭长，最远延伸到了古罗马元老院，像个长条大通道，被阿吉莱图姆路穿过。尽管如此，涅尔瓦广场的装饰相当豪华，最醒目的莫过于为颂扬智慧女神密涅瓦而修建的一条熠熠生辉的雕带，长达数百米，富丽堂皇。

此能俯瞰更低位置上的石灰华和绿色的凝灰岩 1606 年被彻底毁坏，只剩下了石头，用来装饰詹尼库鲁姆山（Janiculum Hill）上的一处喷泉。

密涅瓦神庙矮墙遗留下来的部分，包括一块大石块，它们一起沦落天涯、相依为命。再往上，是雕带的残留部分，是以高凸浮雕形式雕刻的，质地极其精美，表现了一位女性形象，可能是密涅瓦；下面则表现了妇女和帝国内部的一些活动。雕带全都上着鲜亮的彩漆，正如大部分的古希腊和古罗马雕像一样。

一位在"邈邈的旧圆立柱"柱脚俯瞰涅尔瓦广场的参观者能够分辨出道路的痕迹，车辙的印记十分明显，经过岁月的千锤百炼，深深地刻在石灰岩地面上。

20 世纪 90 年代，考古发掘工作的某些发现让我们瞥见罗马帝国衰败后的情形，很吸引人。在靠近车辙

下图：涅尔瓦广场的一幅再现图（约 900 年）。20 世纪 90 年代，考古学家们在考古挖掘中发现了中世纪的两层房屋的残迹，房屋面向一条道路，这条路没有妨碍原来广场的铺砌。广场墙内的区域当时被允许从事农业生产，已有的证据表明，围墙、柱廊和密涅瓦神庙基本上保持完好。密涅瓦神庙一直保存到 1606 年。那一年，因为要建一座喷泉需要石料，不得不拆毁了这座神庙以供修造喷泉之需。

密涅瓦神庙"曾经是一座辉煌的建筑……眼前剩下的是红衣主教们的谷物仓库"。

——马吉斯特·格雷戈里

印痕明显的阿吉莱图姆路的涅尔瓦广场铺砌道路的残迹上，考古学家发现了一座可追溯至 9 世纪的拱形大屋的大量遗迹。他们还发现了其他痕迹，这些痕迹全都在广场铺砌的道路上。这种情形表明涅尔瓦广场仍然以某种方式在使用，与古罗马城这座纪念物建筑林立的城市的其他区域有所不同。9 世纪，在装饰精致并保存完好的罗马城墙内有一个社区，该社区的居民就地耕种着庄稼。

右上图："邋遢的旧圆立柱"就是所有那些环绕涅尔瓦广场露天部分廊柱的残垣败壁。较大的女性形象（可能是密涅瓦）雕刻在精美的雕带上，现在依旧清晰可见，极其罕见地保留了下来。涅尔瓦广场衰败没落之后，沦落为一个农庄，有人又修建了多座石灰窑，所以厄运再一次降临，那些圆立柱、雕带和外饰板块全都被烧成了石灰。

图密善皇宫

在 1 世纪八九十年代，图密善皇宫（The Palace of Domitian）一直在修建过程当中。这座建筑是古罗马占地面积最大、装饰最豪华的建筑物之一。当时的作家们记录到，皇宫建筑师拉比利乌斯（Rabirius）将天堂带到了人间。这座建筑中的圆柱林立，威严无比，足够支撑众神。可悲的是，随着图密善偏执狂症状（公正地

说，是后来的事实证实了他的病情）的不断加重，即使是天堂里，他也必须小心翼翼，战战兢兢，时刻提防有人刺杀。皇宫的一些廊道和门廊之所以密密麻麻地摆放着镜子般的月长石，就是出于防范暗害而设置的安全措施。

这座宫殿几乎占满了整个巴拉丁山（Palatine Hill），今天被明显地分成了夫拉维宫（Flavian House，以图密

从大圆形竞技场向东望向巴拉丁山上诸多皇宫之一瞥，包括图密善皇宫。今天在此看到的这些建筑物遗迹主要是众多建筑物的基础和维修保养区域，处理政务的殿堂和起居空间轩敞无比。

善家族名命名）和陛下宫（House of Majesty，不要与奥古斯都宫混淆，奥古斯都宫也在巴拉丁山上）。图密善曾经在夫拉维宫乾断朝纲，处理帝国要务，但是饮食起居都是在陛下宫里，也就是寝宫。

　　在夫拉维宫的中心区，有一座柱廊围成的雄伟广场，广场内到处都是喷泉，还建有一座巨大的八边形中心迷宫。广场右侧布置了一间雄伟豪华的宴会厅，用

图密善皇宫内的皇家大殿（Aula Regia，Royal Hall）的再现图。我们可以看到图中半圆壁龛中的王座，图密善在此接待来访者，如君王和其他统治者。

于招待帝国宾客。宴会厅的天花板高 30.5 米，雕梁画栋，众多立柱层层叠叠，外饰板雕栏玉砌。古罗马作家斯塔提乌斯（Status）称之为"一座与朱庇特神自身不相上下的正式宴会厅"。不过，它却救不了珀蒂纳克斯（Pertinax）皇帝的性命。193 年，他在此激怒了众将士，遭乱剑砍死。

色彩斑斓的方块和圆块是用来铺设地板的，目前依然残留着，在火炕式供暖系统的支撑柱上晃晃悠悠。人们透过巨大明亮窗户向外瞭望，可见左右两侧的庭院里有几座船形的喷泉，也可在夏日感到丝丝清凉。

在所有愉悦的感觉中，珍馐美馔、觥筹交错起着关键的作用。在罗马帝国的对外活动中，宴会扮演着一种重要的角色。举办宴会通常非常频繁、奢华，一大群奴隶负责采购、烹饪和提供酒水服务，各种餐饮器皿、亚麻织物和其他装备一应俱全。今天我们深恶痛疾的奴隶

下图：图密善皇宫东侧的下沉式竞技场。用大理石作外饰的壁柱支撑着一个观景平台，东侧是一座巨大的半圆式露天建筑，也许是"皇室包厢"。这里也可能是一座下沉式花园，尽管其外形看似用于赛马，一座小型嵌入式舞台也可能是用于角斗士的格斗或野兽间的撕咬。

制，对当时的古罗马来说十分重要。奥古斯都皇帝及皇后利维亚拥有的奴隶数量多得令人不可想象，其证据源自奴隶的骨灰瓮安放处，这些骨灰处散落在古罗马城郊的多个丧葬场。上面的碑文显示，通常大约有 6000 名奴隶和自由男女与这座宴会厅有关。皇帝的厨师们设有一个行业公会，以及一名行政总厨、一名银质餐饮器皿总管、一位灯具主管，还有其他林林总总的各色人等。

宴会服务只是皇宫奴隶劳作的一个方面。在同一个骨灰瓮安放处，还发现了另一处碑文，记载了一名皇家紫袍保管员、一名香水保管员、多名珠宝匠及鞋匠兼保养足履的人员和一名医疗监督。当然还有负责组织管理奴隶的人们，他们也是奴隶或曾为奴隶。

这座庭院的另一侧有 3 间大厅。其中一间是巨大的接待厅，早期的发掘者称之为音乐厅（Aula Regia），又名王座厅（Throne room）。图密善就是在这里接待君王和其他统治者。这里的天花板花格镶板高达 30 米，四周墙壁安放了许多精致的雕像。两座 3.5 米高的雕像——大力神赫丘利斯（Hercules）和酒神巴克斯（Bacchus）的雕像就是在此发现的，它们是用硬质埃及绿色玄武岩雕琢而成。皇室大殿庄严气派，其左侧是稍小一点的半圆形"会堂"，可能是小礼堂或会议室。图密善皇帝为了躲避爱管闲事的元老院，在这里作出重要的决策。右侧是一个所谓的家神龛（Lararium），即诸神的圣殿，一般认为与保佑宫殿的安全有关。

在这些处理国事政务的大厅之外是私密而豪华的家居场所——奥古斯塔纳宫（Domus Augustana）。其核心部位是一座下沉式庭院，有两层深，建有一座具有纪念意义的中央喷泉。从这所庭院向四外展开，分布着大大小小的房间、走廊和通行廊道，这些设施在地下穿越了

上图：酒神巴克斯的巨大雕像，曾用来装饰图密善皇宫的大殿，旁边还有一座赫丘利斯的巨像。1720 年，当人们发现这座雕像时，它倒塌在大殿的地板上。法尔内塞（Farnese）家族的一位成员帕尔马公爵（Duke of Parma）带人进行了发掘，将这些雕像转移到了帕尔马。至今这些雕像在帕尔马博物馆展出。

整个皇宫。毗邻庭院之处修了一座庞大的曲形墙，标志着这是南外立面，从这里望开去，巨大而又狭长的大圆形竞技场（Circus Maximus）的美妙景致一览无余，而现在却只能面对长满杂草的垛垛土堆，中间还有一条脏兮兮的小径。

这座综合建筑的整个东部区域被一座两层的下沉式竞技场占据。在下沉式竞技场里，壁柱的砖砌部分是用曲线形大理石饰板。在最远端有一座较大的三层半圆式建筑，这座建筑物内到处装饰着雕像和湿壁画，其最高层是观赏竞技场内活动的一处绝佳地点。

修建这座下沉式竞技场似乎为娱乐而建。如大圆形竞技场一样，这里修建了一个抬升了的中心预留区，鉴于此地的面积，这里可能会举办赛马。还有人认为这是一处下沉式的皇家花园。在最远端有一座小型椭圆形建筑，看起来像一座舞台，尽管在 490 年日耳曼国王统治时期得到了修复，但那时官方正式禁止角斗士的表演。也许这是为动物厮斗而建，完好保留到了 6 世纪，但对当权的统治者图密善来说，任何活动都可以在皇宫内举行。

第 4 章

辉煌的古罗马

图拉真

（在位时间：98—117年）

图密善皇帝被暗杀并定罪后，帝位被短暂地传给了颇具威望的政治家涅尔瓦（Nerva）。他通过对外交往和改善公共服务，巩固统治地位，进而提高了声望。涅尔瓦即位后稳定了国家局面，甚至也留下了一座建筑丰碑（图密善广场改成涅尔瓦广场，并投入使用）。不过，卷入对图密善的暗杀事件后，涅尔瓦就失去了帝国军团的信任，被迅速赶下台。出生于西班牙的图拉真获得帝国军团的拥戴，成为第一位非意大利血统的皇帝。他曾统兵领军，战功卓著，统帅帝国军团征服了达契亚（Dacia，今罗马尼亚）和美索不达米亚（Mesopotamia），将帝国版图扩展至最广阔。有了从达契亚缴获的大量战利品，他也开始大兴土木，启动了一项宏大的建设计划，包括在克劳迪乌斯（Claudius）的波图斯港修建一座新港口和河道的综合项目、重建大圆形竞技场和修建雄伟的图拉真广场（Trajan's Forum）。这些项目改变了城市面貌，提高了民众的生活水平。

天堂里独一无二的一座丰碑，众神无一不倾心敬仰。

——阿米亚诺斯·马尔塞里努斯

图拉真在波图斯修建的港口呈八边形，宽广辽阔，有助于保证古罗马城的粮食供应，尤其是从埃及进口谷物，这座港口今天仍保持着完整的外观。图拉真在全意大利实施了一项计划，即供养贫苦家庭的儿童和孤儿，为他们提供教育机会，他修建的这个港口工程成为该项目的一个有力补充。他推行了这些政策措施后，获得了民众的广泛拥护。因此，元老院一致拥立他为"最杰出的统治者"。元老院对图拉真之后的每一位皇帝劝诫

道："Felicior Augusto, melior Traiano"，意思是希望民众
对你的祝福能多过奥古斯都，希望你比图拉真还要诚恳
正直。

图拉真广场

随后，图拉真皇帝就在古罗马城内建设大型歌功颂
德式建筑物，图拉真广场因而上马。这座广场是为纪念
他攻克达契亚而建的，也是最后一座雄伟的皇帝广场。
这座广场很快就拔地而起，屹立在古罗马城中。大致在
250 年后，作家阿米亚诺斯·马尔塞里努斯（Ammianus
Marcellinus）歌颂道：图拉真广场宛如"天堂里的一座
独一无二的丰碑，众神无一不倾心敬仰"。这座极其壮
观的建筑综合群长 300 米、宽 180 米，是奥古斯都广场
规模的两倍。广场内包含着一座四周被巨大廊柱围绕的
露天广场，这座露天广场的一尊展现马背上的图拉真雄

图拉真广场再现的鸟瞰图。左
侧的乌尔匹亚方形会堂俯瞰着有廊
柱围着的宽阔露天广场，而方形会
堂的后面是图拉真纪念碑。广场的
外面（右上部）则是一座建筑综合
体，里面有商铺、政府机关和工坊，
被称为"图拉真市场"。

图拉真广场中主要的露天广场的再现图。这座露天广场地上铺砌着洁白的大理石，大量柱廊环绕着广场，凯旋将军与战败的敌方人员的雕像点缀其中。在这座纪念建筑物大门的前方，矗立着一座图拉真的骑马雕像，这尊像也是古罗马城较大的雕像之一。

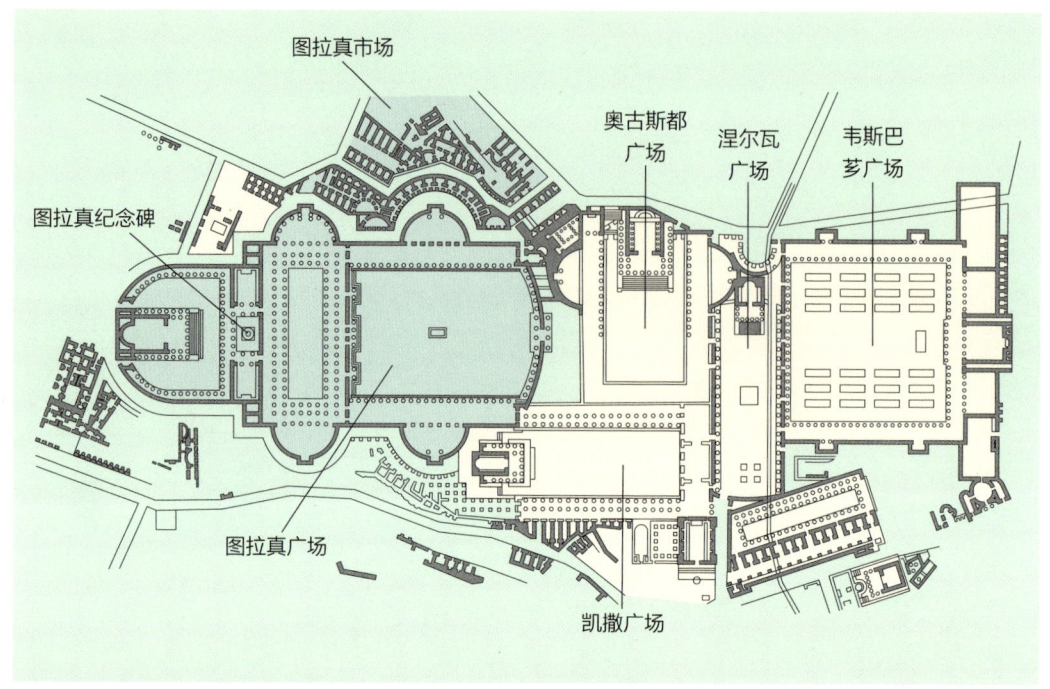

图拉真市场

奥古斯都
广场

涅尔瓦
广场

韦斯巴
芗广场

图拉真纪念碑

图拉真广场

凯撒广场

姿的巨大青铜雕像巍然屹立。广场上还建了一座华丽的乌尔匹亚（Ulpia）方形会堂和图拉真纪念碑，纪念碑侧面有几座图书馆。一座图拉真神庙（Temple of the Deified Trajan）也建在那里，图拉真那时已被供奉为神明。图拉真市场（Trajan's markets）建在了图拉真广场的背面，是一个庞大的商业和行政中心。

　　图拉真广场所在的区域原本早已建筑物林立，空间狭窄，这座建筑硬是挤在里面露出身来，而且这个地区是一处天然的尖坡，将卡比托利欧山和奎里纳尔山（Quirinal Hill）连接了起来。图拉真委任了来自大马士革的建筑师阿波罗德鲁斯（Apollodorus）负责该项目。这位建筑师全面规划整个区域，重新设计了道路，拆除了部分建筑物，重建了其他建筑物（包括尤利乌斯·凯撒广场），并且削平了卡比托利欧山和奎里纳尔山之间的足足 30 米高的尖坡。露天广场北侧的核心建筑就是

上图：众多皇帝广场的规划示意图。这些广场大幅度提高了古罗马城的商业和行政能力，同时也成为代表着大都市特征和拥有大量里程碑式建筑物的新区。

对页图：图拉真纪念碑在古代也是一处游览胜地——从一架内部楼梯攀缘而上，可以抵达一处高空观景台。圆立柱的外表装饰着一条螺旋形线条构成的雕刻带，记录着图拉真征服达契亚的卓越战绩，同时图拉真纪念碑的高度也是建设图拉真广场而削平的尖坡的高度。

乌尔匹亚方形会堂，以图拉真家族的姓氏命名。乌尔匹亚方形会堂占地为 176 米×60 米，内有 5 条走廊，天花板的高度大约为 25 米。会堂中立柱的大部分是由稀有的灰色花岗岩雕刻而成，这种花岗岩产自埃及中部的蒙斯克劳迪安努斯（Mons Claudianus）。在乌尔匹亚会堂的几个外端还建了几座半圆形建筑，用于对外颁布法令，这是乌尔匹亚会堂的主要功能之一。与附近的威尼斯广场相比，图拉真广场中的露天广场占地更大，用了 3000 块大理石厚块来铺砌（只有两块幸存下来）。广场上，到处都是巨大的柱廊，图拉真在达契亚大捷中抓获的俘虏被雕刻成塑像摆在会堂的上层；刻着皇帝肖像的圆形镶板，甚至域外的动物也刻成圆形镶板摆在上层。其他的高官显爵，如将军、英雄和皇家成员的雕像则安放在会堂的下一层。正像奥古斯都广场一样，图拉真广场中的露天广场也在东、西两侧的柱廊建造了一座壮观的半圆式露天建筑。这座半圆形建筑原来有两层高，摆满了各式雕像和五颜六色的大理石装饰。在露天广场的中心区域，矗立着一尊巨大的图拉真驾驭战马的青铜雕像，这是古罗马城大型精致雕像之一，大约有 10 米高，是朱庇特博物馆内马可·奥略留（Marcus Aurelius）雕像的 3 倍。

今天，图拉真纪念碑是最突出的建筑（由于周边建筑物的遮挡，纪念碑在古迹中若隐若现）。这座纪念碑由产自意大利北部的洁白大理石制成，高 30 米，置于一座基座上，这个基座最初也有 8 米高，纪念碑的最顶端承托着一尊 5 米高的图拉真青铜雕像。从一部内置楼梯可一直登上碑顶的观景台。站在观景台上，古罗马城的大部分怡人景色可尽收眼底，这种做法具备一种非常现代的眼光。这座纪念碑的螺旋形雕饰带表现了 100 年初图拉真在达契亚取得的赫赫战功。这条雕饰带有 190 米长，刻有超过 2500 个半人大小的人物形象，这些人物展示了古罗马人和达契亚人在战场上激烈厮杀、紧急行军、仓皇溃散、沿街乞讨和悲惨濒死的情景。所有这些都是以连续叙事的方式展开，所以图拉真是当然的领衔主角，他的肖像在其中反复出现了 50 多次。在这些场景中，古罗马和达契亚的建筑（帐篷、桥梁和临时宿营地）、服装服饰、军团装备以及战场调动等都得到了非常细致的刻画，甚至还包括了士兵手持的龟甲形大盾（Testudo），罗马军团的士兵将这种装备挡在头顶上、环绕在身体四周，有些像现代的坦克。这些细节比当今的作品雕刻得还要精细，纪念碑圆立柱上的那些人物肖像精神饱满、斗志昂扬，很可能还涂上了漆，镀上了金，显得更加辉煌壮丽，卓尔不群，增添了当时古罗马人的冲霄豪气。

图拉真纪念碑基座的外立面刻画了缴获的达契亚人的兵器和盔甲。铭文上写着，民众为了表达对图拉真的感激之情，竖起了这座丰碑（也表示削平尖坡的高度）。同时，这座纪念碑也成为图拉真与妻子普罗蒂娜（Plotina）的陵寝。没过多久，就有两座建筑模仿图拉真纪念碑的样式建了起来，即安东尼·庇护（Antoninus Pius）纪念碑和马可·奥略留纪念碑。图拉真纪念碑激发后世的许多建筑设计师的灵感，如法国巴黎旺多姆广场（Place de Vendôme）上的拿破仑功德纪念碑（Napoleon's Column）。当时很可能在图拉真纪念碑的外面就是被奉为神明的图拉真神庙，但是专家们并不同意这个观点。在附近发现的一尊灰色花岗岩大立柱十分让人震撼：高度达到了 18 米，比万神庙（Pantheon）的那些立柱足足高了 3 米。

巨大的市场综合建筑群是图拉真广场留存至今的其他主要组成部分。这是一组粉橙色的泥砖建筑，是用华丽的泥砖作为正面，这种做法非同寻常。但是不管怎样，由于图拉真广场高高的防火墙的遮挡，从露天广场的市场望去总是看不到市场综合建筑群。市场综合建筑群的后面是一条重新改建的道路，彰显了图拉真广场在这处拥挤区域的重要地位。市场坐落在 5 个地坪上，由一连串带遮挡的走廊和通道连接起来，市场群建有一座双层"大厅"，拔地而起，直通一个拱形的屋顶，有多条门廊和通道通往其他区域。难道这是古罗马城的一座大型购物商城吗？或许部分如此，但也说不定是整个图拉真广场建筑群的一个行政中枢。

图拉真广场是罗马的一个奇迹。当时举办各种重要活动迫切需要更多空间的高甍巨桷、桂殿兰宫，这座广场成为其中一个恢宏壮观的见证背景。图拉真就利用这座广场向民众分发钱财、油和葡萄酒等供给品。118 年，哈德良为了纪念他的登基大典，在图拉真广场中的露天

图拉真纪念碑上刻画的雕饰带为我们提供了某些关于古罗马军团最重要的细节，从军队装备到建筑物以及战场调动。在左侧画面的场景中，古罗马军团的士兵包围了一座达契亚营地，将盾牌连在一起，形成了龟甲形大盾。在右侧，后勤保障的运输船只在穿过多瑙河，船只上方的图拉真皇帝作为军事统帅，在向士兵们发表着慷慨激昂的演讲。

古罗马的大理石

现在的罗马城遍地都是大理石，但历史上可不是这样。这座城市当时的石材大部分是火山喷发形成的石灰华或凝灰岩，所有的大理石必须通过进口获得。公元前 140 年第一座纯大理石神庙才建成，从那时起，受到古希腊文化（以及财富）的影响，一系列恢宏威严、金碧辉煌的建筑比肩继踵，古罗马城迅即被大理石所覆盖。

从外观上看，皇帝修建的建筑物由于采用了卡拉拉、雅典、帕罗斯的希腊众多岛屿、萨索斯岛和普洛克奈索斯出产的华丽纯白大理石，因此通体闪烁着耀眼的光芒。但是这些建筑的内饰——地板、内饰板和圆形立柱，则使用了奇光异彩、色彩斑斓的大理石：蜜黄色的努米底亚（Numidian）、深绿色的塞萨利（Thessalian）、深红色的斯巴达（Spartan）、紫色和洁白相间的弗里吉亚（Phrygian）、埃维亚的希腊岛屿出产的绿色凯利斯蒂安（Carystian）。绿色凯利斯蒂安大理石绰号"小洋葱"，因内部结构像洋葱而得名。埃及被古罗马军团攻克后，古罗马人将粉红色和灰色花岗岩运回罗马。此外，埃及产的深红色斑岩以其庄重而享有盛誉，被皇帝视若禁脔，成为皇家石料的专用之选。在后来的岁月中，这种斑岩又从古罗马城传到了君士坦丁堡。

各种丰碑式建筑物显示了皇帝的无上权威，细腻雅致的大理石也是如此。古罗马专门派遣数千人从事石料的开采、运输和存储，更多的工匠则进行大理石的雕刻和建设施工。罗马帝国覆灭后，有一些大理石被烧成了石灰，制作混凝土或者被研磨成粉末以制成石膏，大部分大理石石料都得到了再利用。中世纪，罗马各种教堂的地板多姿多彩，采用的就是古罗马城墙的外饰和石材。甚至花岗岩和斑岩的圆立柱也可重新使用——被切割成精细的圆片。

广场通过非常公开的方式焚毁所有的公共债务账本，债务总额高达 9 亿塞斯特斯（Sesterces，古罗马的银币），这在当时是一个天文数字。哈德良还以精确的债务价值为依据，发行了相当数量的硬币，以确保这些硬币能升值。后来，马可·奥略留（Marcus Aurelius）因发动对日耳曼人的战争，为筹款一事而绞尽脑汁，不得已他将图拉真广场变成了一座巨大的拍卖场地，拍卖皇室财产（有些属于哈德良），包括服饰、金盘子和珠宝。图拉真广场的影响还不止于此。皇帝康斯坦提乌斯二世（Constantius Ⅱ）信奉基督教，通常情况下他的皇宫设在康斯坦丁堡（现在的伊斯坦布尔）。357 年，他观访、

左图：比伯拉提卡路（Via
Biberatica）。多条道路可穿越图拉
真市场的多层宽阔空间，比伯拉提
卡路就是其中一条。这条路修复于
20 世纪 30 年代，展现了一幅颇具
都市风光的图景，道路两侧排满了
商铺和工坊。当时的罗马是一座大
都市，人口高达 100 多万，各种零
售商铺遍布全城的大街小巷。

对页图：位于市场建筑群上方
的米利提亚斯城堡（Castello delle
Milizie）建筑的再现图。1200 年，
康蒂·迪塞尼（Conti di Segni）家
族修建了这座城堡，它的塔楼至今
仍然矗立着。中世纪，卷入战争的
罗马豪门巨族们都建有自己的城堡，
通常建在古代重要的各个建筑物内。

游历了罗马的许多地标性建筑物。一踏入图拉真广场，
康斯坦提乌斯二世就惊呆了。他目睹了图拉真马上英姿
的雕像，喃喃自语道："要是在康斯坦丁堡也有类似的雕
像该有多好啊！"波斯国王奥密斯达（Ormisda）回答道：
"尊敬的陛下，如果您想要那样的一匹马，就必须先建
一座像图拉真广场这样宏伟的马厩。"

　　图拉真广场得到了良好的维护，使用了好几百年，
不断有新的雕像落成，一直持续到 5 世纪。7 世纪，一
位法兰西教士讲述了阅读维吉尔诗歌的感受，充分表明
图拉真建筑物的巨大魅力。这座旨在纪念图拉真的建筑
物，有时会在其他氛围中产生令人意想不到的影响力。
图拉真曾被元老院拥立为"最杰出的统治者"，后来他
又赢得了基督徒的无比敬仰和爱戴。原因是教皇大格列
高利（Pope Gregory the Great）大约在 600 年，经过图拉
真广场时看到一幅浮雕刻画了图拉真正在向一名悲伤的
妇女展示善意。教皇受到了深深的震动，故向上帝恳求
拯救图拉真不朽的灵魂。上帝许可了，但警告教皇今后
决不可再为一名异教徒求情。后来，但丁·阿利格耶里

（Dante Alighieri）在其《神曲》的《炼狱篇》和《天堂篇》中，图拉真是唯一的一位异教徒皇帝。

图拉真铸就了永生，但图拉真广场无法不朽。660年，拜占庭皇帝康斯坦斯二世挪走了一些精美的雕像。大概在 800 年，发生了一次破坏力极强的大地震，造成大面积的人员和财产损失。两个世纪后，一些石灰窑被精心地建了起来，图拉真广场的厄运也就再次降临。当今，虽然图拉真纪念碑能在废墟中傲然屹立，但在 1160 年，这座建筑物却几乎未能逃脱被拆毁的命运，中世纪元老院的一纸紧急敕令使它免于一死。在修复图拉真雕像的过程中，这位皇帝的青铜像中的足部和头部被人发现，不过不幸的是随即又不见了踪影。

图拉真广场留存至今的主要部分就是这座壮观的市场建筑群，但在古代，由于一座巨大的防火墙的存在，从图拉真广场本身看过去，则几乎找不到这座市场。在中世纪，为了满足罗马人形形色色的需求，他们在这片废墟上建起了大量住宅，还修建了一座城堡和一座修道院。

　　20 世纪 30 年代，这座市场几乎完全重建，现在依然如迷宫般复杂，形成一种充满着某种情感的氛围。今天，这里面呈现着在发掘多座皇家广场过程中发现的重要建筑式样和雕像。13 世纪的米利提亚斯塔（Torre delle Milizie）建在这些建筑物的上方，高峻挺立。这座塔是一座小型城堡遗迹的一部分。在中世纪，这座城堡占据着市场建筑群的上面几层。

　　19 世纪初期的发掘揭开了乌尔匹亚方形会堂的全部宽度和不到一半的长度。有一些立柱已被重新树立，2022 年，第二层的大理石地板和外饰板的一些碎片依然保留着。在图拉真广场空前数量的雕像中，人们能找到的完整雕像只有区区 20 尊。各种碎片堆得满地都是，基本上是雕像、浮雕和立柱的残垣断壁，既没有完整的形状，磨损又很严重，勉强能够辨认。凿子的计数记号留在了上面，用来记录将大理石割成的小石片，便于在石灰窑中焚烧。

　　在 20 世纪 30 年代之前，这里看起来依然与众不同。图拉真广场及其周围建筑沦为中世纪和文艺复兴时期的一般住宅，这些房屋位于以阿莱森德里纳路（Via Alessandrina）为中心的一个郊外。1930 年，相关修葺工作先从帝国大道（Via dell'Impero）开始，这条路后来改名为皇帝广场大道。这处郊外都被削平，图拉真广场的大部分显露了出来，随着后续更深入的发掘工作的展开，露天广场的大部分也显现在人们眼前，大尺寸大理石厚板的长方形印记和图拉真巨像的基座也一并被发现。在 20 世纪 30 年，一个保留了众多房屋遗存的区域被完全夷平——房子的地窖、断础腐栋和带有图案的瓷砖，现在成了罗马废墟历史的一部分。

大圆形竞技场的再现图，它是全欧洲举办战车竞技的最大场地（或者说是任何形式的娱乐活动）。按照竞技规则，战车需要驰骋 7 圈。在比赛过程中，战车发出震天动地般的巨大喧嚣，令现场 15 万名观众情绪激昂，迸发出的呼喊声震耳欲聋。

大圆形竞技场

对古罗马而言，让民众享受到不同凡响的娱乐项目是重中之重。尤文努对古罗马人的评论一针见血。他说：古罗马人只想要"面包和角斗表演"，历代皇帝必须设法满足——这是再明白不过的事。图拉真深谙其道，想方设法确保"面包和角斗表演"。他在波图斯修建的新港口保证了谷物的进口供应，民众能够填饱肚皮使他得以高枕无忧；对于安排角斗竞技表演，图拉真也有高招，那就是重建雄伟壮阔的大圆形竞技场。

在古罗马城的阿芬丁山和巴拉丁山之间有一个谷地，大圆形竞技场（Circus Maximus）的建成填平了这个空地。在古代世界里，如果依据规模来衡量，这座为了举办大型壮观的娱乐活动而建造的建筑能拔得头筹。这是图拉真所建的最后一座建筑，它长达 600 米，宽 180 米，大约可容纳 20 万名观众（几乎是大角斗场规模的 4 倍），这确实是一个世界奇迹。竞技场的外表面采用连拱柱廊结构，摆满了各种雕像，一眼望不到边。这种干云蔽日的正面建筑结构极具视觉冲击力，极大地强化了罗马帝国的权威，公民因而切实感到了自豪和骄傲。

大圆形竞技场原来的座位和建筑构造都是木质的，尽管尤利乌斯·凯撒在公元前 40 年采用石材重建了底层，但火灾风险依然很大。后来在大圆形竞技场内及其周边发生了几场破坏性较强的大火，包括 64 年发生的尼禄大火（Great Fire of Nero）。图拉真皇帝果断下令采用石头修建，竞技场的外表焕然一新，但是上层的座位仍然保持着木质原状。纵然如此，悲剧还是发生

> 观众们摇旗呐喊，"战车的轰鸣，观众的喧嚣，好似波涛汹涌的大海在怒吼，一浪高过一浪"。
>
> ——西里乌斯·伊塔利乌斯

一幅镶嵌画的局部，刻画了凯旋的士兵驾驶着四马双轮战车。这名驾车手隶属绿队（其他的则属于红队、白队和蓝队）；这些不同的参赛队伍会有力地激发赛车拥趸们强烈的忠诚感和对抗意识。在这幅画面中，这位驾车手扬起了手中的马鞭，表示他赢得了这场比赛。

了。290 年，这座建筑不幸坍塌，数千人失去了鲜活的生命。

顺着大圆形竞技场中间，我们会看到中心预留区。现在这个区域已陷入地下 8 米，但它的外观以艺术的形式保存了下来，比如位于西西里的阿莫里纳广场（Piazza Armerina）和法国里昂的战车镶嵌画。在大圆形竞技场内，敬神的神龛林立，如维纳斯和胜利之神；方尖碑和其他建筑物也鳞次栉比。在中心预留区的每一侧都安排了一些装置，以记录战车大赛奔驰的圈数（用几组青铜蛋掉落和海豚倾翻来表示）。中心预留区矗立着一尊 24 米高的古埃及法老拉美西斯二世（Ramesses II）的方尖碑［现保存在人民广场（Piazza del Popolo）］，这尊方尖碑是由奥古斯都从埃及运回罗马的。357 年，康斯坦提乌斯二世皇帝缴获了古埃及法老图特摩斯三世（Thutmose Ⅲ）高达 32 米的方尖碑［现在存于拉特兰诺宫（Laterano）的圣乔瓦尼广场（Piazza San Giovanni）］。当下，它是幸存在埃及境外的最高、最古老的方尖碑。这些方尖碑所代表的埃及年代、文化和权势（风水已转到罗马）使它们成了极具象征性的符号。

　　就在这座皇家宫殿下方，奥古斯都修建了一个带坐垫的座位区，但此处也供奉着一个有众神雕像的神龛，装饰华丽。在赛车日，古罗马城会举行盛大的游行，游行从朱庇特神庙开始，这座神龛就会出现在游行队伍里。带软垫的座位区也是皇亲国戚的一座大看台——清楚地表明众神与皇帝家族的关系。为了使游行队伍更加华丽热闹地通过拱门，提图斯又在北侧，也就是大圆形竞技场的圆形尽头加建了一座画栋雕甍的拱门。游行队伍将会通过这座拱门，接受皇帝的检阅和民众的欢呼。

　　与大角斗场不同的是，大圆形竞技场基本没有设置等级分明的座席。这里专门修建了带有坐垫的座位区，或者说是皇室包厢，还可能有一些预留的座位供元老院的元老们和其他达官显宦专用，其他座席供普通观众随便就座。尤文努（Juvenal）评论道："整个古罗马城万人空巷，所有人今天全都在大圆形竞技场尽情狂欢"。整个意大利和帝国的大部分地区也都是如此，操不同语言的无数观众在此欢乐。西里乌斯·伊塔利乌斯（Silius Italicus）也在感慨观众们摇旗呐喊，"战车的轰鸣，观众的叫嚷，好似波涛汹涌的大海在怒吼，一浪高过一浪"。男女老少万头攒动，齐聚一堂，兴高采烈。赛车日也是妓女的节日，她们逡巡在大圆形竞技场的周围，大大方方地拉客做生意。妓女们的这些做派为许多古罗马作家增添了生动的写作素材。这类作家往往瞧不起在大圆形竞技场大呼小叫的观众，认为他们整天耗在竞技场，无所事事。

从早期开始，大圆形竞技场不仅举办战车竞赛，还有其他精彩表演，如为纪念朱庇特而举行的古罗马运动会，运动会上会举行古罗马军团的阅兵仪式和其他竞技比赛。在大角斗场落成之前，大圆形竞技场也用于狩猎野兽的表演。公元前 55 年，庞培建成了以他的名字命名的剧场和神庙，举行落成典礼时，他就在这座竞技场里展示了 20 头大象，意图再明显不过：它们将会被猎杀。不过事与愿违。这些大象拼命冲破圈禁它们的围栏，踏进了观众座位区，造成了惨剧。现场观众惊魂未定，群情激愤，转而迁怒于庞培。尤利乌斯·凯撒为了保证观众的安全，免遭野兽的伤害，修建了一座又宽又深的水道。帝国举行重要的国事活动时，大圆形竞技场往往是不二之选。204 年，为庆祝举办罗马运动会 100 周年，赛普提密乌斯（Septimius）皇帝将中心预留区改建成一艘大船。鼓号声一响起，这个大船所在的位置就随之解体，数百头（只）野生和域外动物向外狂奔，包括狮子、豹、狗熊、鸵鸟，当然，所有这些动物最后全都被戕戮。

在大圆形竞技场平坦的外端，设有 12 座起跑门栅用于战车竞技。门栅的上方有一个高官贵胄的包厢。此处，会站着一位治安官，他扔下一张白色亚麻桌布或餐巾，发令赛车开始。通过由皮带轮和绳索组成的一套系统，所有的门栅会同时弹开，战车会顺着逆时针方向驰骋七圈，跑完大约 5 千米。根据不同情况，战车竞赛的

次数会发生变化。正常情况下，一天会安排 10 场比赛，但据推测，图密善（把战车奔驰的圈数降至 5 圈）会在一天内排满 100 场比赛。

　　如同角斗士一样，驾车手也属于社会名流。尽管他们本身的社会地位较低（大部分是奴隶或自由民），但公众敬仰。驾车手们身穿红色、白色、蓝色和绿色的服饰，他们的啦啦队也是同样颜色的着装。观众对驾车手执着而又热情奔放的拥趸众所周知——驾车手菲利克斯（Felix）的一位狂热仰慕者直接就躺到了菲利克斯葬礼的柴堆上。普林尼是在罗马的"日报（Acta Diurna）"上读到了这则消息，驾车手都是新闻头版的主角。最受大众喜爱并且盈利最为丰厚的战车竞技包括四马战车，这种战车经常是罗马的各个艺术种类的艺术家争

图拉真几乎完全用石材重建了大圆形竞技场。罗马帝国解体后，这座建筑彻底沦为了一座采石场，这张照片展示了大圆形竞技场是如何完全消失的，仅存一些砖石 - 混凝土拱形遗迹和座位基座。地面降低了 8 米，被埋在了淤泥中。

相表现的主题。赛车手有巨大利益，如果摘金夺银，奖金之高令人艳羡不已，但福祸相依，风险也极高，经常出现车毁人亡的惨剧（Naufragia）。"Naufragia"的字面意思即为"海难"，用这个词来形容赛车的后果，不言而喻。驾车手们在腰间紧紧地攥住缰绳，驾驭着马匹（他们通常也带着一把尖刀，遇到紧急情况时迅速割断缰绳，果断跳车）。驾车手若独擅胜场，会赚得盆满钵满，比如西班牙驾车手盖乌斯·阿珀雷乌斯·迪奥克雷斯（Gaius Appuleius Diocles）。2 世纪，他就在年满 42 岁时告别了这个职业。他总共参加了 4000 多场战车赛，积聚的巨额财富超过了 3600 万塞斯特斯（Sesterces），这个数字比罗马元老院的许多元老所拥有的财富还多。最优秀的骏马产自西班牙、西西里和北非，盖乌斯·阿珀雷乌斯·迪奥克雷斯骑驾的骏马中有一匹（可能来自西班牙）曾经斩获了 200 次桂冠。

战车竞技赛在帝国期间一直风靡全境，万人瞩目，到了帝国末期方才式微。416 年，一位来自法兰西南部的参观者说，观看赛车的喧天动地一直传到了 16 千米之外。赛车比赛的最后记录出现在 549 年，此时，罗马的人口大幅下降，与此类大型场面相匹配的社会结构已不复存在。罗马帝国消亡后，大圆形竞技场完全沦落成了采石场。只有零零碎碎的残存物、东侧（圆形）座席基础中的小局部、提图斯凯旋拱门被磨损的碎片残留了下来。幸存下来的中世纪小塔曾经是一座水磨坊。在大量有纪念意义的建筑物在这个谷地建成之前，大水曾经在这里泛滥过。再次肆虐时，很多水磨坊陆续建了起来，这座小塔只是其中之一。

哈德良

（在位时间：117—138 年）

哈德良酷爱建筑。无论他走到哪里，他都技痒难耐，总想营建些什么。在罗马，他留下了伟大的丰碑。

图拉真收养哈德良为继子，哈德良在图拉真去世后继承了帝位。同图拉真当年的继位过程如出一辙，当时图拉真被前任皇帝涅尔瓦收养为继子。在整个 2 世纪，收养行为成为皇帝的一种惯例，使帝位得以顺利继承。在位期间，哈德良主要在帝国各地游历，掌握帝国第一手信息，并且希望通过加强防御工事来夯实罗马帝国的边境线，如在不列颠修建的哈德良长城。无论到访何处，哈德良都大兴土木——从在多个地方［如西班牙的依塔利卡（Italica）、英格兰的伦敦和希腊的雅典］修建大型丰碑式建筑物，到建设整座城市，如利比亚的昔兰尼（Cyrene）。哈德良对古希腊东部的语言和文化都非常着迷，甚至还蓄起了古希腊式的胡须。有些民众认为哈德良过分偏爱古希腊，就戏称他为格雷库卢斯（Graeculus），意为"那个小希腊人"，但从未有人敢当着他的面说起。

哈德良在古罗马城留下了历史印记。他建设或完成了一系列高甍巨桷般的建筑物：雕楹画栱的万神庙（Pantheon）、干云蔽日的维纳斯与罗马神庙（Temple of Venus and Roma）、他自己的陵寝——如今的圣安吉洛城堡（Castel Sant'Angelo），以及蒂沃利（Tivoli，意大利中部城市）城碧瓦重檐的阿德里亚娜别墅（Villa Adriana）。2010 年，在罗马地铁工程的施工过程中，工人们在威尼斯广场发现了一座大型拱形建筑，人们猜测这可能是雅典娜学校，这也是哈德良喜爱古希腊文化的

毗邻卡比托利欧山的一座经济公寓的遗迹。在哈德良统治时期，为了应对不断增长的城市人口，他在古罗马城修建了许多经济公寓用于租赁。这个实例原本建有 6 层，有些租赁公寓楼有 8 层，甚至 9 层。

一个佐证。不过这位皇帝很务实。由于城市人口增长较快，他亲自监督大片租赁住房区的建设。他自己也拥有设计天赋，许多里程碑式建筑物的设计都出自他的手，在他的统治时期建成。

对建筑痴情的他与御用宫廷建筑师——来自大马士革的阿波罗德鲁斯产生了冲突。

经济公寓楼

在位时期，哈德良没有修建纯粹追求宏杰瑰丽效果的建筑物。在卡比托利欧山脚，通向阿卡科埃利（Aracoeli）的圣玛利亚大教堂（Santa Maria）宽阔楼梯下面，有一座罗马经济公寓楼的遗迹。这栋建筑可追溯至 2 世纪中叶的早期，最初至少有 6 层高：现代的街道地面水平与楼房的第 3 层持平。罗马式建筑的底层是一

些商铺，第 2 层和第 3 层是陈设良好的公寓，有拱形窗户和阳台。再往上是住宿条件较差的公寓和单人间。

古罗马的大部分居民都居住在这类公寓里。古罗马城的许多地段的整体部分，例如几座皇家广场北侧的中心城区贫民区就是由经济公寓建筑组成的，但也并不限于此类区域，有些甚至紧邻着重要的地标性建筑物。哈德良在古罗马城北规划了一大片区域，用来建设经济公寓，一起建设的还有科西嘉大道，但不是所有的经济公寓都得到精心的规划或周密安排。许多建筑物的质量很差，经常发生坍塌；其他建筑也会产生各种问题。不过，无论建筑质量好坏高低，所有的建筑物全都面临着一个潜在死亡陷阱——火灾。显然，有些建筑物的风险更高——奥古斯都曾经颁布法令，禁止经济公寓建筑的高度超过 21 米（相当于 8 层或 9 层的高度）。喜剧作家马提雅尔描写了一个"寄生虫"或宴会乞讨者，住在经济公寓的最顶层，每次都要艰难地爬上 200 阶楼梯，才能回到他的家。

卡比托利欧山脚下的经济公寓楼的一部分在古典时代的后期被征用，当时改建了这栋楼，以适应道路地面的提升。实际上在古罗马，所有其他已知的经济公寓现在都低于现代的地面水平，而且前者往往成为后者结构的基础，尤其是教堂，例如拉特兰诺的多层圣克莱门特（San Clemente al Laterano）大教堂。这座原来的经济公寓楼由于在 12 或 13 世纪变成了一座教堂而得以幸存。保留下来的湿壁画和钟楼出自那座郡主教堂，就像经济公寓本身一样，只有当周围非常拥挤的住宅区于 20 世纪 30 年代被拆除时，这些壁画和钟楼才会暴露在人们的面前，这些改建为教堂的建筑在本质上与古代经济公寓没有太大分别。

哈德良所建维纳斯与罗马神庙残存的遗迹，它的一部分结构现在被圣弗朗切斯卡罗马娜大教堂（church of Santa Francesca Romana）占用。这座神庙是在金色皇宫所在区域的局部建成的。如今，只有泥砖、混凝土内殿与重新竖起的多尊花岗岩和斑岩立柱才会让人依稀想起古罗马这座最大的神庙。

维纳斯与罗马神庙

135 年，哈德良建成了维纳斯与罗马神庙（Temple of Venus and Roma）并投入使用，这是他留给后世的伟大建筑。作为罗马人民的保护神和奠基者，维纳斯享有极其崇高的声望——与尤利乌斯·凯撒在凯撒广场所建的女祖先维纳斯神庙（Temple of Venus Genetrix）并驾齐驱，不分伯仲。但维纳斯与罗马神庙作为这座城市的化身，是第一座敬拜罗马的神庙——它的本质和精神，与此同时还伴随着对哈德良精神的崇拜，这些目的都是皇帝通过举行祭祀仪式的形式实现的。维纳斯与罗马神庙各有千秋，规模傲视群雄，施工更为精致，从某种程度而言，这对古罗马城的确是件新鲜事。

通过清除神庙所在的现场，包括用 24 头大象将尼

禄巨像拖拽至靠近大角斗场的最终位置，哈德良与阿波罗德鲁斯齐心协力。阿波罗德鲁斯是前任皇帝图拉真留下来的御用建筑师。据说在拟定规划的过程中，哈德良自己起到了一定的作用。可能为了表现他对古希腊文化的痴迷，这座气势磅礴的神庙展现出了非常浓厚的古希腊风格：神庙的正面建有 3 排大立柱，其他三面是两排圆立柱。独具特色的是，它建有两座背靠背的内殿，维纳斯面对着大角斗场，罗马女神面对着罗马广场。维纳斯与罗马神庙矗立在由柱廊围成的一座恢宏巨大的广场上，这座广场约为 1.5 万平方米，与奥古斯都广场的占地面积相同。或许是有意设计，这座神庙实际上成了收官之作。由于维纳斯与罗马神庙碧瓦重檐，气凌霄汉，屋顶还镀着青铜，因此成为古罗马城的一个奇迹。

如果说维纳斯与罗马神庙精美华丽、圆融和谐的话，那么它的建设者们的关系却涌动着不和谐的暗流，乃至公开冲突，并酝酿了杀机。在图拉真统治时期，阿波罗德鲁斯曾经说哈德良对建筑并不在行，应当"死守着他的那个榆木疙瘩"（可能是嘲笑哈德良对不可分割的圆屋顶的青睐）。现在，阿波罗德鲁斯非常轻率地批评哈德良对神庙内殿比例的设计。他挖苦道：这种用于祭拜的几座巨大女神雕像不可能从比例不协调的空间中脱颖而出。大概直到那时，他才最终意识到哈德良对建筑痴迷得如此深的程度，后悔自己的轻口薄舌，结果是这位皇帝将他放逐并处死。

290 年，维纳斯与罗马神庙被一场大火烧毁。4 世纪初，马克森提乌斯（Maxentius）重建了这座神庙，他是最后一位伟大的非基督教徒皇帝，他留下的建筑遗迹今天仍然清晰可见。这座神庙在 630 年前依然保持完好，在那一年，教皇洪诺留（Honorius）命人拆下神庙屋顶镀着青铜的瓦，用来建设圣彼得大教堂（St Peter's Basilica）。维纳斯与罗马神庙很快就被毁坏了，到了 8 世纪，在它的内部，也就是罗马广场的侧面，修造了一座圣彼得和圣保罗（St Peter and St Paul，他们是罗马的庇护人）大教堂，后来改名为圣弗朗切斯卡罗马娜（Santa Francesca Romana）大教堂。这座教堂的地基在 19 世纪被发现，包含着数千块已经切割好的大理石块，这些石块都是从维纳斯与罗马神庙拆来的。更严重的破坏发生在 1450 年。当时，这座神庙大部分已经彻底成为其他建筑工地的石材供应站。

面向罗马广场的西内殿莫名其妙地幸免下来，而且保存状况特别好，这座内殿供奉着罗马女神。供奉维纳斯的内殿保存状况稍差（但值得参观游览），面向大角斗场。维纳斯内殿由菱形结构组成的拱顶装饰华美，墙壁上交替修建的壁龛以及毁坏了的红色花岗岩圆立柱与最初浓墨重彩的原状形成强烈的对比。内殿的外面，高达 15 米的大理石立柱林立，曾经在大角斗场中喧闹的露天广场上傲然矗立，若不是很久以前得到了再次使用，就会被烧成石灰。20 世纪 30 年代，修复工程结束后，人们用灌木丛或小树代表每一尊圆立柱的具体位置。2007 年，意大利时装设计品牌华伦天奴（Valentino）申请在此举办一场盛大的庆祝宴会，获得了批准。他们用玻璃纤维临时仿制了许多尊立柱，摆放在原来的立柱中间。为了保证以大角斗场为背景的本地及周边环境的安全，他们将防火等级提升至了最高级别。2021 年，维纳斯与罗马神庙被另一家时装品牌芬迪（Fendi）暂时恢复。这两个事例充分说明，古代重要的丰碑式建筑，即使以废墟的形式依然能赢得现代人的青睐和赞誉，一位 2000 多年前的皇帝如果能穿越时空，见到当前的场景，

维纳斯与罗马神庙的再现图，再次移位的尼禄巨像竖立在右侧。神庙的比例、装饰及末道涂饰，包括镀青铜的屋顶瓦，使它成为古罗马城史诗般的建筑物之一。

会倍感自豪和荣耀。

万神庙

万神庙也属于保存状态最佳的建筑物之一，它气势磅礴的规模、精美绝伦的内饰以及通过优雅的形态所营造出的氛围，轻而易举地征服了每一位到访游客，令他们产生巨大的震撼。米开朗琪罗认为万神庙的"设计简直是出于众天使之手，非凡夫俗子所能为"，亨利·詹姆斯（Henry James）称赞道："万神庙是罗马迄今为止最华丽的古风建筑……高薨巨桷、卓尔不群，从中透着绝佳的精致高雅与优美细腻。"

在古罗马众多的建筑中，最顶尖的非万神庙莫属，它的高深莫测独具特色。万神庙究竟是何时修建的，是谁建造的，为何而建，这些基本问题至今依然萦绕在人们的脑海中。万神庙的名称可能由古希腊语演变而来，

东部内殿的细节图，其拱顶是由菱形结构组成的，这里曾供奉着维纳斯。图示的这些遗迹可以溯源到 307 年的重建，这次重建是在内殿遭遇了一场火灾后进行的。马克森提乌斯对设计进行了微调，在实际施工中改用多彩大理石和红色斑岩，但建筑比例保持不变，那些彩色石料在当时风行一时。

"Pan"的意思是"全部，所有的"，"Theon"的含义为"神的"，因此暗示它是一座神庙，尽管理解上稍有区分，意为"所有受到敬仰的"，其宗教意义也并不那么严格。实际上，在这座建筑物内部并没有修建内殿，外部也没有一座祭坛的痕迹，而祭坛往往是非基督教信仰祭祀的核心。万神庙中少有的古罗马痕迹意味着这座建筑的功能主要是供皇帝们与元老院在此召集会议，以及宣读皇帝御令。更有可能的情况是万神庙是为哈德良皇帝的崇拜者和皇帝家族而建——帝国的强力黏合剂。

125 年，哈德良落成了"他的"万神庙，然而，他的前任君王的砖块印记出现在整幢建筑上。原来的万神庙曾经从一座高台上启动建设，占据了一座巨大的长方形广场，广场四周被柱廊环绕。公元前 25 年，阿古里帕（Agrippa）落成了这座万神庙，替代了之前的原建筑，而阿古里帕建造的这座万神庙则遭受了两次大火的肆虐。哈德良将阿古里帕的名字刻在万神庙的正面，显示哈德良出对古罗马历史的尊重。表面上看，万神庙由 3 个互不相干的部分组成——带穹顶的圆形大厅、柱廊组成的门廊，以及一座四四方方的连接楼体。但是泥砖的印记表明这些构成是同时代的产物，而且是同时规划设计的。

圆形大厅的墙壁是曲线形的，由砖和混凝土建成，有 6 米之厚，墙壁的拱形结构、支墩和较大的内孔隙有机地结合在一起，它们之间的合力分散了重荷，将源自上面墙壁和圆屋顶的向轴压力传递出去，因而提高了整个建筑的强度。圆形大厅的墙壁曾经以石膏作为外饰物，使之更像是大理石外饰板，但门廊的墙壁是由厚厚的雅典潘泰里克大理石砌就。在古罗马城，圆形建筑物古已有之，如维斯塔神庙，但是作为一幢圆形公共建

筑，万神庙的规模的确有些不同寻常。与位于马尔提乌斯校场另一端的奥古斯都陵墓中的大圆形屋顶一样，万神庙在建筑上具有革命性的意义。

门廊的多尊圆立柱都是花岗岩独石柱，高 12 米，每尊石柱重约 60 吨，均自埃及进口；门廊后面则用阿斯旺红色花岗岩作门柱；前方采用了更为稀少、倍享盛誉的灰色花岗岩作立柱。这种岩石产自蒙斯克劳迪安努斯，从那里被装上巨大的 16 轮牛车运到尼罗河，然后再运至海港，最后抵达古罗马城。这些庞然大物竟然能穿过狭窄、拥挤的城市街道到达建设现场，在当时简直就是奇迹。

万神庙的门道修建了许多厚重的古代青铜大门和

尽管万神庙（Pantheon）的英文名称像是从希腊语"众神"中演变而来，但它可能不只是一座神庙，更是一条把罗马帝国与在位皇帝家族连在一起的纽带。虽然其青铜装饰和雅典大理石外饰大部分已剥落，但这座建筑基本上保持了 1900 多年以前的状态，秘诀就是它在 7 世纪被改建成了一座教堂。

混凝土

据推测，奥古斯都发明了古罗马泥砖，但留给后世的是大理石。或许他指的是混凝土（Opus Caementicium），即用灰浆黏合的碎石。所有的大型皇帝建筑，从浴池到方形会堂、从剧场到竞技场，环绕这些建筑的高墙都要依靠混凝土。它由骨料（核心材料）、黏合剂和水组成。骨料使用石头、泥砖、瓦片甚至土罐的碎片制成，然而实际上使用更多的还是轻质的浮石。黏合剂主要是生石灰，焚烧石灰岩或大理石就可制成生石灰；最重要的成分是火山灰，在古罗马城附近就可找到，但优质的火山灰须从那不勒斯湾进口。

添加火山灰能够生产出极其坚硬的灰泥，假以时日，它的硬度和强度都会提高。重要的是，火山灰、生石灰和海水之间的化学反应使得古罗马混凝土可在水下使用，非常适于港口工程、海滨别墅，甚至养鱼场的建设，在罗马帝国的海滨城市得到了广泛应用。

古罗马混凝土的使用方法是一层层地抹上，或者堆积在一起以填到各个凹块里。建筑物的基础会用到木质模板，而相对于墙壁而言，泥砖或石材外饰面会摆放在合适的位置，然后注入一层层的混凝土。拱顶和拱形结构在大型木质模具和框架上被逐渐抬升高度。混凝土的轻质和高强度使得建造大角斗场和其他具有划时代意义的建筑物成为可能。在建造像万神庙的冲天圆屋顶这类令人惊叹的建筑结构时，混凝土也有优势，它会使屋顶抬升很高且不需要支撑。

环绕物，门道的侧面树立了多座阿古里帕和奥古斯都的巨像。山形墙因空间较小而不能摆放雕像，所以那里可能用华丽的青铜片覆盖，或许表现了一只象征着皇帝的鹰，使人回想起在奥古斯都去世和奉为神明前，这只鹰曾经落在万神庙的山墙上。

古罗马的一些作家在描写原初万神庙的外观时，曾经形成过一个印象。在室内，最大的壁龛（现在是半圆形龛，供奉着圣母玛利亚像）摆放着一尊神圣的尤利乌斯·凯撒塑像，旁边是维纳斯和马尔斯雕像。意味深长的是，维纳斯的雕像戴着耳环，是用一颗珍珠制成的。克娄巴特拉女王奉献了很多昂贵的珍珠，这颗就是其中之一。克娄巴特拉归顺了维纳斯，自然也就归顺了古罗马。万神庙承载着大量的军国枢机，数也数不完。

　　200 年，赛普提密乌斯·塞维鲁以哈德良的形式修复了万神庙（他把自己的名字深深地刻在山墙上）。室内依然保持了原有的装饰，包括大量地板，这些地板呈正方形和圆形，是用五彩大理石切割成的，上面刻有古典图案。室内的装饰物还有一些围着立柱的神龛（loculi）。圆屋顶下的扁带饰（部分是 1930 年再造的），装有格栅窗户和壁柱，直到 1747 年都保持完好。当时，教皇本笃十四世（Benedict XIV）与他的建筑师皮拉内西（Piranesi）一起把"令人不满意的"结构拆掉。一般而言，维护的良好状态显示出建筑物的幸存之道，就是在中世纪和文艺复兴时期没有遭到洗劫、拆解。

　　万神庙最令人震撼的特色就是它的圆屋顶。圆屋顶参地而起，耸入空中，给人以跃入云霄之感。图拉真纪

上图：现在万神庙依然保存了大量原始的室内装饰。北非大理石制成的大立柱支撑着柱顶过梁；产自土耳其、希腊和埃及的大理石铺砌在墙壁和地面，使室内熠熠生辉。圆立柱围成的神龛现在供奉着基督教的圣徒，皇帝或异教神明不在此列。神殿的中心半圆壁龛，最初安放维纳斯、马尔斯和奉为神明的尤利乌斯·凯撒的雕像。

右图：万神庙的圆屋顶，与高雅的花格镶板相连，再加上富有独创性的屋顶开口利于光线射入，我们真真切切地到达了雪莱（Shelley）所吟诵的美妙境界。

念碑，再加上圣彼得的雕像竖立在地面的中心位置，也达不到万神庙的最高点，而自由之像要是不算矮墙的话，也只比万神庙高出 3 米。从外面观察，这座圆屋顶似乎平淡无奇，从一个相对高的部位一跃而起（但它依然令人十分惊叹，屋顶上的瓦都镀了青铜）。在室内，圆屋顶又极富创造性地倾身向下；实际上，这座圆屋顶的直径与它的高度完全相同，这种布局使得万神庙的外观成为一个水乳交融、圆融流畅的完美球形结构。

这种拱形结构的设计非常大胆，效果也令人惊艳，直到 20 世纪，它一直是世界上同类结构中最大的；今天，它依然是全球最大的无钢筋加固的圆屋顶，其中的奥秘很可能只是由于混凝土的广大神通，而混凝土使用中的关键则是要因地制宜地确定混凝土的密度和总重量。万神庙的最低部位使用了较重的骨料，这种骨料由粉碎的泥砖和灰泥制成；而在最高处，即空空的尖端（Oculus，万神庙之眼），则运用了较轻的粉碎石灰华和火山熔渣，这些材料是从那不勒斯湾进口而来。混凝土

简洁、挺拔、严肃、简朴、恢宏——所有圣徒的圣殿，所有神灵的圣坛，从朱庇特到耶稣——时光大度，岁月祝福。

——选自拜伦勋爵的《恰尔德·哈罗德游记》

左图：透过毗邻的建筑一睹万神庙的局部景象。万神庙起初建在一座围有柱廊的广场的最远端。这座广场在中世纪消失了，因此就形成了现在的格局。

18 世纪 60 年代，万神庙及周边建筑一瞥，这幅画是乔瓦尼·巴蒂斯塔·皮拉内西（Giovanni Battista Piranesi）创作的。当时周围的建筑物比今天更加摇摇欲坠，泥土地面的广场是一座露天市场，棚屋遍地，售货摊密布。此图中万神庙的几个角落依然建有几座钟楼，被戏称为"驴子的耳朵"。

的厚度也要根据情况而定，不会千篇一律。从万神庙之眼的厚度仅仅超过 1 米，到圆屋顶基础的 6.5 米厚，这样做有一箭双雕之妙，既减轻了重量，又不会影响建筑物的强度。花格镶板的面板以每行 28 块，一共 5 行的方式布置，进一步减轻了重量。这些面板可能被涂上了深蓝色的漆，中心区可能是镀青铜的星星形状。难怪大诗人雪莱（Shelley）在诗中感慨地咏叹"天堂里的圆屋顶，精美绝伦"。

万神庙之眼的直径为 8.5 米，处在整座建筑的最薄之点，这种设计减轻了圆屋顶的重量，还能使一束阳光照进殿内。难道万神庙与其他东西组成了一个巨大的日晷吗？令人不可思议的是，4 月 21 日（传说中的古罗马城诞辰），光线恰好射进了几座大门——可能是显示哈德良皇帝象征性的进入？下雨时，雨水会顺着万神庙之眼流进内殿的地面，地上的一些洞会将积水排干。不过，大自然的这种不请自到并不会总是受到欢迎。在 18 世纪，给万神庙之眼一劳永逸地装上玻璃曾被纳入议事议程。英国护士弗洛伦斯·南丁格尔（Florence Nightingale）于 19 世纪 40 年代在一次倾盆大雨后游览了万神庙，当时正在做弥撒，她对此并没有感到有何异常。民众正在内省，烛光在积水的地板上的摇曳闪烁，这个场景使她想到了地狱，因为地狱里的冥河附近布满了无数的逝者灵魂。

万神庙能保存到今天，它坚实的结构只是原因之一，秘诀还是它后来被改建为基督教教堂。608 年，东罗马皇帝弗科斯（Phocas）将这座建筑赠予了当时的教皇，教皇将它变成了一座教堂，教堂的第一个名称是圣玛利亚和殉道者大教堂（Santa Maria ad Martyres），后来改为圣玛利亚圆形大教堂（Santa Maria della Rotonda）。但是，万神庙并不能使它从此万事无虞。663 年，万神庙镀青铜的屋瓦被东罗马皇帝康斯坦斯二世剥掉。1625 年，教皇乌尔班八世拆走了青铜横梁和门廊精美的花格镶板顶棚——超过 204 吨的青铜，单单从钉子中就收集了 4.08 吨——这些青铜将被熔炼，为圣安吉洛城堡（Castel Sant'Angelo）制造大炮。这位教皇［来自巴尔贝里尼（Barberini）家族］为了掩盖他的丑行，声称这些青铜是为圣彼得大教堂制作祭坛华盖预备的，但当地的民众看穿了他的伎俩，十分气愤，发明了一个短语 "Quod non fecerunt barbari, fecerunt Barberini"（野蛮人不敢干的事，巴尔贝里尼家的人干了）。

17 世纪，经过深思熟虑，精心谋划，人们又对万

万神庙的设计出自众天使之手，非凡夫俗子所为。

——米开朗琪罗

神庙进行了结构性的改变，包括加建双子座钟楼，俗称"驴子的耳朵"。不过，这两座钟楼在 19 世纪 80 年代被拆除了，当时的几任教皇再也无力统治这座城市，"驴子的耳朵"这个戏称似乎意味着是对这座教堂的某种嘲讽和戏弄。19 世纪，许多简单的建筑物、商铺和售货摊都被从这座建筑物的周围清除了，尽管墨索里尼曾提议将所有遗留的建筑物统统拆掉，在一座巨大的毫无生气的广场上只留下一座万神庙，不过这个提议从未实现。

万神庙也会被派作别的用场，豪门显贵和社会名流会用它庄严神圣的场所作为墓地——比如作曲家阿尔坎杰洛·科雷利（Arcangelo Corelli）、画家安尼巴莱·卡拉奇（Annibale Carracci）和画家、建筑师和古文物收藏家拉法埃洛·圣齐奥［Raffaello Sanzio，即拉斐尔（Raphael）］。拉斐尔长眠于此凸显了万神庙的重要性。不过，拉斐尔还有一个角色，即教皇负责罗马文物古迹的官员（记录官和保护官），在此下葬也理所当然。

拉斐尔的墓地在 1830 年再次被发现。考古学家鲁道夫·兰恰尼说他见到了拉斐尔的遗骸，"拉斐尔的大拇指非常粗糙……这是众多画家的典型特征"。拉斐尔的遗骨被安放到一副雕梁画栋的罗马风格石棺，再次得到了妥善的安葬。有些意大利的国王和王后也葬在这里，包括意大利统一后的第一任国王维克托·埃曼努埃尔二世（Victor Emmanuel Ⅱ），他被葬在一副巨大的青铜棺椁内。

万神庙留下了大量的遗产，给世界各地的其他建筑带去了灵感和启发，从卡拉卡拉大浴场（Baths of Caracalla）中的高温浴室，到伊斯坦布尔圣索菲亚大教堂（Hagia Sophia）、罗马的圣彼得大教堂、伦敦的圣保罗大教堂、华盛顿的国会大厦以及柏林希特勒规划的

300 米高的人民会堂（Volkshalle，从未开工）的圆屋顶。在建筑风格、艺术感染力和情感方面，万神庙产生的巨大影响几乎没有其他建筑能够企及。

哈德良陵寝及艾利亚斯桥

哈德良陵寝（现为圣安吉洛城堡）以及艾利亚斯桥［Pons Aelius，现为圣安吉洛桥（Ponte Sant'Angelo）］由哈德良开工建设，由他的继任者安东尼·庇护接手并于 139 年完工。这座陵寝长眠着多位皇帝，从哈德良及妻子萨拜娜（Sabina）开始，一直到 217 年的卡拉卡拉，甚至声名狼藉的康茂德（Commodus）也被葬于此地，他是马可·奥略留（Marcus Aurelius）之子。赛普提密乌斯·塞维鲁就葬在他崇拜的偶像马可·奥略留的陵寝室，两人一起在同一个骨灰瓮中长眠。比照奥古斯都墓地的样式，哈德良陵寝被建成了一座圆形建筑，高 60 米、宽 64 米，建在边长约为 89 米的正方形地基上。陵寝外饰为洁白的意大利大理石，用青铜和大理石雕像装饰。

约 400 年，哈德良陵寝成了古罗马城墙中的一座主要的堡垒。历史学家普罗科匹厄斯（Procopius）生动描写驻守在陵寝的罗马保卫者于 537 年成功击溃哥特人一次围攻的史实。守军打碎哈德良陵寝的大理石雕像，用力掷向进攻者。大概 60 年后，当瘟疫在罗马城肆虐时，哈德良陵寝改为现用名。教皇大格列高利目睹了大天使米迦勒（Archangel Michael）站在陵寝上方的图景，只见这位天使将剑插入鞘内，瘟疫顿时就消失了。

回黄转绿，世事变迁。哈德良陵寝被历代教皇看中，变成了他们的要塞，通过一条已成为城堡一部分的通道与圣彼得大教堂连接起来。在 16 世纪，上面一

文艺复兴时期的艺术家拉斐尔的陵墓在 1830 年被人们再次发现，位于万神庙诸多神龛中一座的下方。对拉斐尔而言，万神庙有着特殊意义。

层修建了一系列舒适的房间。这些房间的装饰风格十分奇异——描绘了"第四庞培风格"的湿壁画，壁画笔触细腻，精美雅致，它的创作手法受到了金色皇宫的走廊上湿壁画的启发，金色皇宫的走廊被埋在了地下，十分潮湿。当时创作哈德良陵寝的那些湿壁画时，正赶上金色皇宫的壁画被重新发现。这座"宝琳"大厅中有超过真人大小的湿壁画，描绘了哈德良和大天使米迦勒（Archangel Michael），而藏书室中天花板上的壁画和高凸浮雕粉饰灰泥到处都是，这些装饰表现了古典主题，绘画采用"第四庞培风格"创作。在这些房间的下面，教皇治下的罗马又展现了一幅迥异的面孔——地牢遍布。为了关押宗教罪犯和异教徒，教皇亚历山大六世（Pope Alexander Ⅵ）修建了这些地牢。第一个地牢中有一间私密的洗手间，表明即使是在囚禁期间，犯人也分为三六九等。

艾利亚斯桥用将玄武岩切割成的厚板建成，姿态各异的雕像点缀在桥面，用大理石精心刻制的护墙天衣无缝地安装在桥上。中世纪，这里是通往圣彼得大教堂的主要交叉口，但在 1450 年，人们在朝圣时蜂拥而至，场面混乱，发生了一次踩踏悲剧，导致数百人死亡，这座罗马陵寝上部结构的大部分也被毁坏。

诚然，一座堡垒需要占据有利的位置，哈德良陵寝就坐拥部分地利。可以说，最好的观景台就是大天使米迦勒所在的平台，普契尼（Puccini）的歌剧《托斯卡》（Tosca）的戏剧性结尾就是在这里上演的。令人欣喜的是，从 1470 年起，这座要塞就成了 Girandola，即凯瑟琳之轮（Catherine Wheel）或风车的背景。这是复活节星期一（Easter Monday）或 6 月 28 日举行的大型焰火表演，也是罗马的守护神圣彼得和圣保罗节前夕。在罗马

圣安吉洛城堡中的宝琳厅中的一幅湿壁画细部，刻画着全副罗马武装的皇帝哈德良，表现手法细腻。在中世纪，这座哈德良陵寝成为教皇在罗马的主要堡垒，后来用大天使米迦勒的名字将此地改名。1540年，教皇保罗二世（Pope Paul II）重新用这种"怪异"风格的湿壁画装饰房间。

人眼中，哈德良陵寝是节日和庆典的场所——从几个世纪以来无数关于这一活动的描述中看出。

　　哈德良陵寝的外立面基本上都已脱落，它正方形的地基在后来的建筑物中变成了球形，现在依然如此。这座地基在 15 世纪的绘画中表现得非常清晰，雕刻着图案的石材表面保存完好。这座圆形建筑显示了由混凝土和绿色石灰华修筑的地基，尽管其大理石外立面早已不见了踪影，但内部结构的大部分依旧保存了下来。在入口处，一个斜坡顺势而下，转入一个建有壁龛的正方形接待区，这里曾安放一尊哈德良的巨像。还有一个大斜坡盘旋而上，直通建筑物的最高点，偶尔可见原始镶嵌画马赛克的碎片。步行通过有某种特殊氛围的墓穴楼梯，参观者能通过一座人行桥从正上方穿越骨灰瓮存放处。这座方形墓室用石灰华大块（曾用大理石作外饰）密排而成，它有一个筒形穹顶岩石天花板，最初用镀金、粉饰的灰泥和镶嵌画作为外饰。此处，在 3 个大型的壁龛中，安放着哈德良和其他皇帝的华丽骨灰瓮，包括安东尼·庇护和马可·奥略留（马可·奥略留的骨灰与其崇拜者赛普提密乌斯·塞维鲁的骨灰共存一个骨灰瓮）。哈德良创作的诗歌中有一段被镌刻在正面墙壁上，流传至今。

雅量与宽容——飘浮的灵魂，影影绰绰，
与那个灵魂所依的躯体为伴！
你能扇动自己翼翅飘向远方，
到一个你灵魂寻觅的陌生地方？
消失殆尽——你面容惯常流出得那般轻快，
眼前只有无趣、阴郁与无望。

——古罗马皇帝哈德良的诗（片段）
英国诗人拜伦勋爵（George Gordon
Byron，1788—1824）译自拉丁文版

从圣安吉洛桥方向一览哈德良陵寝（圣安吉洛城堡），这座桥将陵寝与罗马城相连。100 年中，哈德良陵寝安葬了罗马多位统治者。

哈德良的继承人

安东尼·庇护（左），康茂德（中），马可·奥略留（右）

下图：神圣哈德良神庙所在广场的浮雕像，展示了一个帝国行省的化身形象。由于女性雕像身着戎装式样的服装和斗篷，这个行省可能是西班牙。

当哈德良在海滨度假胜地巴亚（Baiae）去世后，皇位传给了他的义子安东尼·庇护（在位时间：138—161年）。他的确是不可多得的继承人选。为了江山永固，哈德良生前还指定了安东尼的继承人，未来的皇帝马可·奥略留和卢修斯·维鲁斯（Lucius Verus）。安东尼与哈德良不同，在军事上无雄才伟略和盖世之功，不喜欢在国内巡视，但他对自己继父哈德良发自内心的忠诚和孝敬、自身沉稳的性情以及公平对待所有公民（甚至是奴隶）的态度，赢得了社会各界的爱戴，成为民众心中的"好皇帝"之一。安东尼建造的两座主要建筑的核心部分有幸保留了下来，即神圣哈德良神庙（Temple of the Deified Hadrian）和神圣福斯蒂娜神庙（Temple of the Deified Faustina）。

神圣哈德良神庙

在万神庙附近坐落着一座名副其实的岩石广场（Piazza di Pietra），广场建有一面巨大的石头墙和许多立柱，即神圣哈德良神庙的北侧部分，如今保存极佳。145年，安东尼落成了这座神庙。哈德良生前曾经可能以叛国罪处死了几名贵族，元老院对他极其厌恶，因此在他离世后不但不对他歌功颂德，而且准备判定他有罪。安东尼对此表现出少有的胆量和果敢，坚决反对元老院的意见，不惜以退位相威胁。最后，哈德良被追奉为神明，哈德良神庙也在马尔提乌斯校场内某一地块顺利地建了起来。长期以来，马尔提乌斯校场就有

哈德良的烙印，这里建有万神庙和哈德良岳母玛提迪娅（Matidia）的神庙，他与岳母感情深厚，对她十分敬重爱戴。几个世纪以来，二三十块有雕刻的大石板陆续在附近被发现，这些大石板展示了百战大捷的战利品和以女性化身所代表的帝国诸行省，目前罗马的朱庇特博物馆和那不勒斯的一些博物馆陈列着这些古迹。代表这些行省的形象已不再是敌人，尽管受到了约束，屈膝臣服，但仍极具尊严，是哈德良忠实的臣民。罗马帝国以和平方式进行合作，这种做法传递出一种强烈的信号，反映出哈德良意欲将帝国各地紧紧地团结在一起。

安东尼离世时，他的继子马可·奥略留和卢修斯·维鲁斯共同继承了帝位，成为共治皇帝。马可·奥

上图：神圣哈德良神庙的左侧至今依旧巍然屹立。神庙所在的广场现在已降至地面之下，被一组列廊环绕着，列廊上曾经雕刻着各种浮雕，代表着罗马的各个行省。

对页图：巨大的马可·奥略留骑马雕像的雄姿。在有记载的大约 20 种古罗马雕像中，只有这一尊幸存至今。现陈列在有顶盖的朱庇特博物馆内，这座雕像在户外久经沧桑，不过，它身上最初的镀金部分大部分保留了下来。

略留自幼成长于宫廷，卢修斯·维鲁斯是哈德良有意安排的继承人艾利亚斯·凯撒（Aelius Caesar）的儿子，而艾利亚斯·凯撒不幸英年早逝。此时，来自莱茵河和多瑙河的日耳曼诸部落，以及来自东部的波斯人一直对罗马帝国虎视眈眈，瘟疫肆虐又使帝国雪上加霜，这两位皇帝面对内忧外患，团结合作，共同维持帝国相对和谐的局面。因此，他们没有太多心思建设新项目，但在罗马修造的两座垂名后世的建筑物与善沉思、具备哲学家气质的皇帝马可·奥略留有关，它们酣畅淋漓地表现了罗马帝国和皇帝的权力：奥略留自己的骑马雕像以及所谓的安东尼纪念塔（Antonine Column）。

马可·奥略留皇帝的骑马雕像

现在，这座高大威猛、仪表堂堂的马可·奥略留皇帝的骑马雕像是朱庇特博物馆的镇馆之宝，米开朗琪罗在卡比托利欧山修建了新朱庇特广场后，这尊雕像 450 多年来一直是广场的焦点所在。现在竖立在广场外的是一尊完美无瑕的复制品，原雕像被妥善保存在一个受到

16 世纪 30 年代，这座塑像成为米开朗琪罗所建的新朱庇特广场的中心装饰物（除了拿破仑把它短暂地运往巴黎）。

人工控制的良好环境里。这尊像展现了马可·奥略留皇帝昂藏不凡的英姿，而不是作为一位擐甲挥戈、身经百战的绝对统治者（最高统帅），这从其他许多雕像和半身像中可分辨出来。相反，在雕像身上的军用大氅的下面，他还穿着一件朴素的束腰外衣，而脚踏的鞋子则是贵族样式，而不是战靴。这位皇帝正如古罗马所有的骑马者一样，并没有使用马镫。不过，马镫是罗马帝国毁灭后由东方游牧民族引入的。

他的左手曾经手持缰绳，而右手向外伸扬，显示出演讲的姿势，一般来讲他可能面向着军团将士或民众。骑马雕像是一种古希腊传统，在共和时期被古罗马人所采纳，当然一并融入的还有许多其他古希腊的理念。不过，正是在罗马帝国时期，统治者两腿分开跨在马上、一只手指向远方的风采象征着皇帝的权势，显示着万乘之君的所向无敌，赫赫威严。

在古典时代晚期，古罗马城一共建有 20 多座大型骑马雕像，但只有这一尊幸存到了今天。由于历史久远，这尊雕像的真实身份早已被遗忘，因此对它的认定确实不容易，曾经被认为是马可·安东尼或赛普提密乌斯·塞维鲁。到了中世纪，有人认为这是"基督教徒"皇帝君士坦丁大帝，因此，它没有像其他雕像一样惨遭熔炼。没人能说清楚这座像最早摆放的确切位置，但在中世纪的大部分时间里，它竖立在罗马拉特兰诺宫的圣乔瓦尼大教堂的外面。这座雕像成为展示教皇死敌尸体的一个常用的地点。1538 年，雕像被迁移至卡比托利欧山（拉特兰的基督教神职人员激烈抗议将此雕像摆放在拉特兰诺），成为米开朗琪罗重新设计的广场的主角。

考虑到 1800 多年的跌宕起伏，乾坤旋转的悠久历史，马和骑马者都保存得相当完好，在古代晚期和中世

纪能够幸存下来，实属不易；拿破仑攻占罗马和其他欧
洲地区时，曾经掠夺了无数欧洲艺术品，为把这些艺术
品运回巴黎，他组织了一个庞大的车队，以此来炫耀他
的万世之功，这座雕像当时就在这列车队里，被强行运
离了罗马，不得不一路颠簸地到了巴黎。在这样的情形
下，雕像能保存下来就显示出当初的诸多制造工艺的
卓越水准，包括了对马的 12 部分进行的复杂浇注技术，
也显示了雕像在露天环境中的超长时间风吹日晒后显现
的效果。镀金中绝大部分都留了下来，尽管表面腐蚀不
可避免；其内部结构也有损坏，主要原因是内部积水过
多。在中世纪，这座雕像成了节日和庆典的焦点。1348
年，这匹马变为一座喷泉，从它的鼻孔里喷洒出葡萄酒
和水。

维鲁斯在 169 年死后，马可·奥略留指定他自己的
儿子康茂德为帝位继承人，此举结束了 80 年卓有成效
的收养继子的传统。康茂德（在位时间：180—192 年）
的执政历史表明，他的治国能力远逊于自己的父亲，他
的做法是把国务留给一些朝臣处理。康茂德自认为是一
位活着的神明，把自己与半神赫丘利斯（Hercules）联
系在一起，将个人的种种丑态恶行设法掩盖在这张神明
的面具下。康茂德还装扮成赫丘利斯的模样，在角斗场
地进行打斗（此举招致了元老院的极端厌恶）。他罹患
偏执狂，症状越来越重，怀疑周围的人会迫害他，因
此，发动了一场大规模的清洗，对他认定的敌人进行
无情打击。192 年，康茂德众叛亲离，直至被暗杀。元
老院颁布法令，称康茂德"比图密善还残忍，比尼禄
还卑鄙……"。随着他的死去，安东尼王朝（Antonine
Dynasty）以及"黄金般的"2 世纪开始日落西山。单单
论及重要建筑物方面，康茂德开始修复了 191 年的那场

可怕大火烧毁后遗留的吉光片羽，尽管大部分工作最终是由其他人完成的。不过，他给后世留下印象深刻的遗产是奉献给他父亲的丰碑性建筑——马可·奥略留神庙（现已消失）和马可·奥略留纪念塔（安东尼纪念塔）。

马可·奥略留纪念塔

现在，马可·奥略留纪念塔在科罗娜广场（Piazza Colonna）上赫然耸立。这可能是康茂德在 184 年落成的，曾经是一座建筑综合体的一部分，这个综合体包括一座祭坛和奉献给神圣的马可·奥略留及其妻子福斯蒂娜（Faustina）的恢宏神庙。

这座纪念塔本身高达 30 米，曾经装饰着胜利之神的浮雕和被征服的野蛮人形象，在 16 世纪被移走。它建在一个基座上，最初的基座高达 10 米。雕像内还设有一座楼梯，通往一个全景式观景台。雕像的最高处还树立了一尊马可·奥略留的巨像，有六七米高。这尊巨像在中世纪不见了，在 1589 年被一尊圣保罗的雕像替代，与一年前在图拉真纪念碑上竖起的圣彼得的雕像遥相呼应。在后来的历史岁月，出现了一种理念，那就是有意识地使里程碑式建筑物成双配对出现，但巨大圆立柱有其自身别具一格的特点。图拉真纪念碑就被周围的各种建筑物包围，如乌尔匹亚方形会堂等，而奥略留纪念塔则屹立在一座空旷的广场上，正对着他自己的神庙。

纪念塔上的这些装饰物歌颂了马可·奥略留于 170 年在莱茵河和多瑙河一带打败库阿迪部落（Quadi）和马可曼尼部落（Marcomanni）的赫赫战功。这是当年汉尼拔（Hannibal）入侵后，400 年来外藩敌人首次进犯意大利。正如图拉真纪念碑一样，这些浮雕呈现螺旋上升的形式，胜利之神将叙事分为两段军事战役，每一段都是以连续叙事的方式展开，多次出现了马可·奥略留的形象。纪念塔不但刻画了一般性的征战场景，也描绘了一些特别的重大事件。记录了一段生动逼真的情节，这个故事发生在摩拉维亚（Moravia，今属捷克共和国）。当时在经受了一段时期的严重干旱之后，一场狂风暴雨接踵而至。纪念塔的浮雕中一位留着大胡子的人物张开他的斗篷，为民众遮风挡雨，减轻了大雨的倾注。暴雨虽然淋湿了古罗马人，但野蛮人却遭受了冰雹的惩罚，闪电雷鸣也袭击着他们。

在浮雕中，全景场面表现得更加简单：人物较少，稀疏、简单，更多以正面出现，尽管比图拉真纪念碑采用了更深的浮雕刻画。古典观念中的这种技法正在慢慢淡出，可能暗示着某些艺术表现手法的变化。3 世纪，这种变化趋势显得越来越清晰了。总体来说，浮雕描画的这些场面以及表现这些场面的手法使得这座纪念塔令人眼前一亮。

奥略留纪念塔的落成迅速成为古罗马城的地标性建筑。这些建筑物需要更加精心的维护。1770 年，在附近发现的铭文使人们对纪念碑式建筑物的这种特殊性产生了罕有的特别认识。铭文记载，为了使纪念塔的保护人阿德拉斯图斯（Adrastus）更有效地尽忠职守，有关当局特许他在附近修建一所房屋。由于此事非同一般，铭文对此表示了特别的关切。显然，在这座古代城市，有一大批人在从事看护、清洁、打扫众多古罗马史诗般的建筑物；进入或禁入这些重要建筑物，也有人在管理。357 年，康斯坦提乌斯二世皇帝到访了这座城市，图拉真纪念碑和奥略留纪念塔被他誉为"两座高峻挺拔，干云蔽日的巨塔，还带有观景台，我们能够徒步攀登上

马可·奥略留纪念塔纪念了他的盖世奇功。纪念塔上还建有一座观景台——观景台上矗立着一位圣徒（圣保罗）的雕像。最初，这座纪念塔竖立在一座宽阔的露天广场上。1589 年，正当这座建筑摇摇欲坠之际，教皇的建筑师挽救了它。但他错误地在基座上刻上了"Antoninus Pius（安东尼·庇护）"，后来它就改叫了"安东尼"纪念塔。

去"。在中世纪，奥略留纪念塔的观景台依然是当地修道院的生财之道，周围羡慕嫉妒者大有人在，修士们不得不警惕地守护着这个聚宝盆。

不过，这座修道院对观景台的收费还是持续了好几个世纪。与此同时，奥略留纪念塔高凸浮雕遭到了严重的风化，尤其是在西侧，海风携带着盐分不断地侵蚀着纪念塔。如同其他纪念建筑物一样，铁质卡子移走以后，塔的整体结构严重受损，到了 16 世纪，更是到了摇摇欲坠的地步。从底部一直到 9 米的高度，出现了许多裂缝，内部楼梯也无法通行，由于结构扭力和地震的作用，有些局部的移位距离高达 15 厘米。幸运的是，在 1589 年，奥略留纪念塔被教皇的建筑师多梅尼

马可·奥略留纪念塔上的一个场景，生动刻画了多瑙河上某次战役的一个引人注目的重要时刻。古罗马人正准备迎敌开战，一场暴雨突如其来，这些部落措手不及，又被冰雹打得落花流水。这段浮雕表现了一位带着巨大双翼的大胡子雷雨神展开了斗篷。古罗马人依然站立在他的周围。画面的下方展示了一堆淹死了的野蛮人和马匹的尸首。

这是 1589 年的一幅印刷品，描绘了马可·奥略留纪念塔。时值教皇西克斯图斯五世（Pope Sixtus V）的首席建筑师多梅尼科·丰塔纳在修复这座纪念塔。丰塔纳不是第一个维护纪念塔的人：18 世纪 70 年代在附近发现的大约 190 年的铭文提到，阿德拉斯图斯（Adrastus）是这尊纪念塔最早的守护者。

科·丰塔纳（Domenico Fontana）修复，整体结构稳定了下来。他采用拆东墙补西墙的办法，用从其他美观的建筑物中拆下的大理石重新恢复纪念塔中遗失的部分。在无意识当中，丰塔纳在基座上刻上了新铭文，保留了下来，变成了遗产。他误认为被纪念的皇帝是安东尼·庇护。于是，他错误地为这座建筑取名为安东尼纪念塔。

赛普提密乌斯·塞维鲁
（在位时间：193—211 年）

康茂德被暗杀后，罗马帝国再次陷入内战。赛普提密乌斯·塞维鲁从中脱颖而出。他出生于北非的大莱普蒂斯（Leptis Magna，今属利比亚），在军事上拥有盖世之才，战功卓著，所统率的古罗马军团拥戴他于 193 年夺取了皇位，重新统一了罗马帝国。塞维鲁迎娶了一位叙利亚贵族尤利亚·多姆娜（Julia Domna），在古罗马城养育了两个儿子。他在位的大部分时间都在四处讨伐，尤其是在东部（今天的伊拉克），211 年死于不列颠。

塞维鲁修建了大量的建筑，是建筑高产的皇帝之一。191 年，古罗马城发生了火灾，将马尔提乌斯校场付之一炬。他重建了一系列建筑物，包括万神庙、和平神庙和屋大维娅门廊；还修建了对自己歌功颂德式的建筑物，如塞维鲁拱门（Arch of Severus）、维斯塔神庙（Temple of Vesta）、金融家拱门（the Arch of the Bankers），他在大理石上刻画出古罗马城的城市规划图，上述的建筑和其他大量光耀千秋的建筑物都包罗在其中。

塞维鲁是一位身经百战，所向无敌，战功卓著的将领。他也修建了大量的建筑，属于建筑高产的皇帝之一。

维斯塔神庙

根据传说，第一座维斯塔神庙是国王努马（Numa，公元前 753—前 673 年）修建的，他创立了维斯塔贞女的品级；大约在 200 年，维斯塔神庙最后一次重建，可能是由尤利亚·多姆娜完成的，她与维斯塔信徒的关系匪浅。在 20 世纪 30 年代的一次重建中，发现了维斯塔神庙的残存碎片。这座神庙用白色大理石建成，呈圆形，直径约为

右图：维斯塔神庙的遗迹。它是一座古希腊风格的圆形建筑物，直径为 15 米，看起来非常庞大，实际上并非如此。神庙里面燃烧着圣火，象征着古罗马的灶台以及圣火永不熄灭。更小更暗的局部嵌刻在新的石灰华里，图为 1549 年这座建筑被毁后的某些遗存。

下图：绿宝石上展现的是皇后尤利亚·多姆娜。她在古罗马很受欢迎，她也与古罗马城一些重要的狂热崇拜信徒有关，特别是维斯塔的信徒。

15 米，与牲畜市场中现存的圆形神庙类似。殿内是古罗马的两件珍宝：在象征性的城市中心燃烧的圣火和希腊智慧女神帕拉斯的神像（Palladium），这是雅典娜或密涅瓦的古代木质雕像，由埃涅阿斯国王从特洛伊带来。相传，这座神庙在公元前 240 年被焚毁时，大祭司突然闯入这个女神专用的空间，奋力救出了帕拉斯的神像。

维斯塔贞女的核心是 6 位正式成员，此外还有大量的新成员和资深人员。维斯塔贞女最早是从古罗马一些高贵家族成员中遴选，年龄在 6 ~ 10 岁，她们要庄严肃穆地宣誓并严守誓言：保持贞洁，为维斯塔神献身 30 年。她们先用 10 年学习所有的职责和义务，再用 10 年

左图：佛罗伦萨乌菲基（Uffizi）博物馆中的一幅大理石浮雕，展示了维斯塔神庙。由于它与特洛伊的古罗马神话家园和众多非常古老传统的关联，因此成为这座城市最重要的神殿之一。

正式履行责任，最后 10 年培训新人。维斯塔贞女的职责包括照看圣火、为古罗马的重要信徒预备祭祀用的馔馐，以及主持国家的各项仪式。

　　当然，她们拥有特权，比如拥有自己的财产，设立一份遗嘱——古罗马早期历史中妇女的独有现象。离开维斯塔神庙，她们享有充分的行动自由；有权调停纠纷；是贵族和皇室成员遗嘱可信赖的守护者。她们能享受由帝国提供的交通待遇，在公共比赛和节庆场合（如果皇后出席，会与她们坐在一起）享有特殊座位。不过，诸多特权意味着巨大的责任。如果管护圣火时懈怠，则会被鞭打。任何一位维斯塔贞女违背了关于贞洁的誓言，将会被埋在一个专门建好的墓室里，但仍然活着，期间只会提供少量的饮食（没有人敢杀害一位女祭司）；如果有男性被牵连，则会被鞭笞至死。在 80 年，就有 4 位维斯塔贞女被活埋，包括维斯塔大贞女（Vestalis maxima，排位第一的贞女），有几名男性因与她有牵连而被处死。

220 年，埃拉加巴卢斯（Elagabalus）皇帝代表叙利亚的太阳神埃拉加巴尔（Elagabal），不仅娶了维斯塔大贞女，还将古希腊智慧女神帕拉斯的神像以及其他圣物转到他在巴拉丁山的新太阳神庙。1 个世纪后，君士坦丁皇帝将帕拉斯的神像运至在君士坦丁堡的"新罗马"，这是旧罗马大权旁落的一个信号。394 年，圣火永久地熄灭了，维斯塔神庙也被永远关闭了。

维斯塔贞女们遭到解散，最后一位高级贞女柯艾利亚·康科迪娅（Coelia Concordia）退隐了。当时，有很多人对这种信仰心存疑虑，但维斯塔神庙的权威继续传承。人们的疑虑源自许多传说：在神庙的地下室中有一条凶龙大快朵颐，吃着大麦糕饼（为异教节日烘制的）。中世纪，这座神庙坍倒，可能被地震震塌了，但人们在 1480 年再次发现了它的遗迹，几乎完好无损。不过，1540 年，

下图：由于并入了维拉布罗（Velabro）的圣乔治大教堂（church of San Giorgio），金融家拱门近乎完好无损地保留了下来。它的外立面装饰着华丽的高凸浮雕：莨苕叶形、棕榈叶形及蛋形浮雕装饰细节，从牲畜的牺牲品到赫丘利斯（此地的保护神）、战争场景和主题，还有更重要的皇室家族的肖像。

教皇颁布法令，赋予一个特派团以绝对的权力。当时，教皇要新建圣彼得大教堂，这个特派团负责搜集各种建设材料。1549 年，维斯塔神庙差一点就被特派团彻底拆掉。

金融家拱门

塞维鲁建造的金融家拱门建在了牲畜市场，现在是地处维拉布罗的圣乔治大教堂钟楼的局部支撑物。其铭文记叙：拱门是"金融家和牲畜商人谈生意的地点"。牲畜用于人们日常食用和祭祀，当年这个行当获利颇丰。这座拱门原有 7 米高，但现在有一部分被埋在地下，其底层部分是石灰华，未做过多修饰。其余部分的外表面采用了浮雕和绚丽华美的装饰物，这是 3 世纪初的典型做法。

较大的内饰护墙板描述了 211 年塞维鲁在不列颠北部的约克（York）死后，发生在他的家族的悲惨故事。他生前告诫自己的儿子们要特别厚待古罗马军团，对其他人只要恢廓大度、和谐相处。不过，卡拉卡拉（Caracalla）处死了盖塔。元老院还颁布政令，将盖塔的名字从众多碑文、铭文中抹掉。个人形象和铭文等是古罗马社会中具有广泛影响的宣传工具，这座拱门可能就是此类清洗运动的范例之一。它的内墙护墙板曾刻画了这个皇帝家族的主要成员：塞维鲁和皇后尤利亚·多姆娜及其儿子卡拉卡拉和盖塔、卡拉卡拉的妻子普劳蒂勒（Plautilla）和她的父亲普劳提努斯（Plautinus）。在右面的内墙护墙板上，描述了塞维鲁和尤利亚·多姆娜正在进行祭祀的情景，但原来在他们右侧的盖塔不见了踪影。对面的卡拉卡拉拿着一个祭祀用的盘子，但其妻子和岳父的肖像被凿掉。这种"清洗"生动地展现了元老院的法令如何将这些人从官方记录中彻底抹除。同时从公众意识中最大限度地消除他们的痕迹。

对页图：金融家拱门内饰上的一块护墙板描绘了赛普提密乌斯·塞维鲁和尤利亚·多姆娜在一尊祭坛献祭的场面。现在护墙板的右侧空空如也，但最初的画面这个位置描绘的是他们的儿子盖塔（Geta）。盖塔被处死后，有关他的所有形象和记录全都被清除。

上图：一幅外墙护板刻画了几个罗马人押着一个被捆绑的垂头丧气的俘虏，暗示着塞维鲁所取得的卓越功勋。

第 5 章

命运多舛

卡拉卡拉

（在位时间：211—217 年）

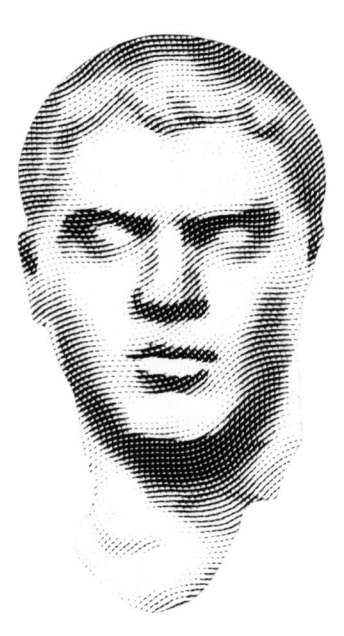

在诸多历史学家的眼中，卡拉卡拉暴虐恣睢，不得人心。他杀害了胞弟盖塔，还党同伐异，对盖塔的数千名支持者实施了大规模清洗，清除对象既有元老院的元老，也有普通民众，这种暴行激怒了元老院。不过，事实证明他父亲塞维鲁的确深谋远虑，其关于军队的教导一针见血。卡拉卡拉牢记在心，得到优待的古罗马军团忠于他。他率军击溃了日耳曼人的多个部落，后在东罗马（他宣称自己是亚历山大大帝的转世）屡建奇功。纵然如此，他也没逃脱被手下一名军官暗杀的命运。卡拉卡拉最大的社会成就是赋予在罗马帝国境内所有自由民以公民身份，卡拉卡拉大浴场是其伟大的建筑遗产。

浴池、葡萄酒和爱情腐蚀了我们的生活，但没有这些，生活也会枯燥无味，不可忍受。

——摘自 3 世纪的铭文

卡拉卡拉大浴场

卡拉卡拉登基时，古罗马已建有多座大众浴池，又名公共浴场，包括阿古里帕（最早的）、尼禄、提图斯和图拉真修建的数座。然而，民众经常光顾卡拉卡拉大浴场。这座浴场又名安东尼大浴场（Baths of Antoninus，安东尼是卡拉卡拉的正式名字），规模宏大，于 212—216 年修建。这座浴场的建造改变了沐浴本身和这座城市的格局。那时，它们是罗马最大和最豪华的浴场，实实在在地抬高了建造者的声誉。对于普通民众来说，浴池是一种重要的资源，他们离不开沐浴，浴场成为皇帝财富和权势的一种展示方式也就不足为奇了。

公共浴池是非常高明的宣传手段，即使暴君也会萧

卡拉卡拉修建的大浴场是罗马保存最好的公共浴场，每周能接待5万多位民众前来沐浴。卡拉卡拉大浴场的修筑和此地的每一项活动全都依赖众多遭受奴役的人们的辛苦劳作，他们才是古罗马所有垂名后世的建筑物的真正功臣。

规曹随。马提雅尔写道："还有谁比尼禄更残暴？还有哪里的浴场比尼禄浴场建得更好？"大量的公共浴场成为民众美好生活的代名词。2世纪，提比略·克劳迪乌斯·塞昆都斯（Tiberius Claudius Secundus）的墓志铭上记载：浴池、葡萄酒和爱情腐蚀了我们的生活，但没有这些，生活也会枯燥无味，不可忍受。更重要的是，沐浴价格十分低廉，意味着公共浴场不愧为一座普通百姓的宫殿。通常他们无缘享受豪门巨族的钟鸣鼎食、肥马轻裘，但沐浴却能使他们见识高官显爵的穷奢极欲。

尽管卡拉卡拉大浴场不在古罗马城中心，但靠近熙熙攘攘的中心地带，如大圆形竞技场就很接近主要道路。事实上，卡拉卡拉大浴场就位于专门修建的新街上，背靠阿庇安路（Via Appia），据说这是罗马最美丽的街道之一。附带主要洗浴区的中心建筑大约在212—

宽阔敞亮的露天浴场的再现图。宽阔的正面位于北侧（右），由花岗岩和大理石制成的圆立柱分隔，墙壁的外立面有从全罗马帝国搜罗而来的昂贵大理石装饰，各种各样的雕像星罗棋布。太阳照耀在水面上的效果、照在圆立柱和雕像上的效果以及圆立柱和雕像的反光效果都超乎寻常。

216 年修建，而完整的周边建筑群及其附属建筑群在大约 20 年后完工，其面积达到惊人的 11.22 万平方米。卡拉卡拉大浴场简直就是一座迷你城市，建有神龛、餐馆、体育场、图书馆、会议厅和其他设施。每天这里大概能接待 8000 名宾客。男女一般通过并列的设施或不同的时段进行隔离，因为奥古斯都、哈德良等皇帝曾经禁止公共浴场的混浴行为。不过，混浴的情况肯定也会出现，但仅限于某些特殊场所。

这些建筑规划考虑得相当周到。主要的浴区——与奥林匹克赛场规模相当的露天浴池（Natatio）、冷水浴室（Frigidarium）、温水浴室（Tepidarium）和热水浴室（Caldarium），侧面是两幢一模一样的建筑、一座带遮盖的健身场（Palaestra），多间更衣室和其他的房间及大厅。浴客们通常从更衣室出来，先到健身场，然后去蒸桑拿和蒸汽浴，然后到热水浴室、温水浴室，之后再到露天浴区浸泡，最后来到冷水浴室。

健身场有两层，上层铺砌着黑白相间的镶嵌画，描绘着与水有关的主题，如海豚、骑在海象等海洋动物身

下图：卡拉卡拉大浴场呈对称格局，每一边都建有一座大健身场或称健身园。一层的大平台环绕着浴场，可供观赏下面的活动。这些平台都铺着镶嵌画地板，表现了与海有关的主题，尤其是丘比特骑在令人眼花缭乱的海洋生物上，包括一头海豹（右）。

上的丘比特。底层铺设着彩色镶嵌画——交织在一起的天平或圆形物等，用蕨类叶片作为分界线。每层都建有较大的半圆形空间，上面用镶嵌画表现了运动员、摔跤手、拳击手和裁判的形象。旁边是更衣室（Apodyteria）和存放衣物的储存间，铺着黑白两色的镶嵌画的地板，保留到了今天。

露天浴场是一处众人喜爱的场地，其高耸的北墙像是一座剧场的舞台，用立柱分隔开来，摆放着许多青铜和大理石雕像。如此展示传达了一种奢华的意味和皇帝的无上权威。通过旁边的门就可进入高大宽敞的冷水浴室，里面有八根埃及花岗岩立柱，支撑着古罗马最大的拱形天花板。

热水浴室呈圆形，宽阔高耸，其圆屋顶几乎与万神庙的一般大，引人瞩目。5 世纪仿制时，当时的能工巧匠竟然无法下手。热水浴室的加热系统是通过太阳能实现的，因为它的凸墙的大部分是一种通过金属框架组成的大型玻璃。玻璃镶嵌画覆盖了非玻璃区域，产生了一

右图：健身场的地板全部由镶嵌马赛克铺就。这所较大的大半圆形空间细致刻画了拳击手、摔跤手和裁判，而主区则是色彩斑斓的各式几何图案。今天，幸存下来的镶嵌马赛克也遭到了磨损、毁坏，但最初这些镶嵌画被打磨得宛如镜子一般，散发着光泽。

种耀眼的效果。

这座浴场后面是用圆立柱围成的一座花园，这里绿树成荫、花团锦簇、生机盎然。雕像和喷泉点缀其中，鸟歌蝉鸣，流水潺潺，游客欢声笑语，一派太平盛世的景象。不过，附近的居民不胜烦扰。作家塞涅卡（Seneca）的宅邸靠近这座城市的其他几座浴场。他抱怨人们健身时所发出的声响、打球和跳进水池发出的噪音，饮食摊贩嘈杂的叫卖声，以及吵闹声都让他心烦意乱，苦不堪言。

有一座小型运动场位于花园后面，建在一座巨大的水槽上。卡拉卡拉大浴场的蓄水池能够容纳 800 万升水，是专门从玛西亚引水道（Aqua Marcia）引来的，不过，在这座服务设施齐全的浴场没有发现确凿的公共厕所的痕迹，这很令人不可思议。在这座运动场的两端各建有一座图书馆，保证浴客们起码享有一处舒适的阅读空间。

卡拉卡拉寄希望他的浴场能够垂名后世，让人们为他树碑立传。浴场富丽堂皇，所用材料来自四面八方，有产自意大利、北非、土耳其和希腊的洁白和多彩的大理石，埃及产的红色和灰色的花岗岩。浴盆、水池和喷泉无处不在，天花板外表面贴着彩画灰泥和玻璃镶嵌画，美不胜收。这里的每寸外立面都铺砌着大理石、上彩的石膏和玻璃镶嵌画。因此，普普通通的泥砖在此自然找不到用武之地。

幸存下来的雕像碎块和原始图画为专家研究其外观提供了有价值的线索。在大浴场主体结构的壁龛中共有 120 多座雕像，其他雕像则独立摆放，展现了维纳斯和代表着纵情欢乐的酒神巴克斯、医药和健康神阿斯克勒庇俄斯、运动员和许多其他形象，从各位皇帝到众多英雄豪杰。有些雕像用于装饰，其他的则充当喷泉；而较大的还起到了标识物的作用，还有一些只是用于宣传。在两座健身场，装饰雕带雕刻了战败的野蛮人，可能是卡拉卡拉在当今德国所在地和不列颠抓获的俘虏，这些常见于举行凯旋仪式的广场上。这些浴池可能被视为某种形式的广场——广大民众因低廉的价格而随意进出，这里简直就是为皇帝歌功颂德的宝地。

然而，这座浴场必须依靠大量奴隶才能建成和运转。建筑物的地下部分狭窄拥挤，奴隶在此保证着水源供应，运送燃料；烹饪、清洁也是他们的工作。在地上，奴隶为客人们奉送上丰盛的酒食，打理花园，还要干其他大量的杂活。在更衣室，奴隶负责照看客人的衣物和其他财物（达官显宦会带着自家奴隶）。当然，窃贼也看中了这里，他们被捉后的处罚很严厉，包括强制服苦役。

在浴场下面，建有长达 3 千米的通道，用来运送所有的物资，尤其是供暖用的木柴。浴场共有 50 座炉灶，每天大约消耗 10 吨木柴，当时还设计了一条路线保证大量木柴的运送。大浴场的地下建造了古罗马最大的密特拉神庙（Mithraeum）。密特拉（Mithras）是波斯人信奉的神，与一神论的神明如太阳神索尔（Sol）和基督教的上帝，在 3—4 世纪非常风行。

卡拉卡拉大浴场的正常运转，需要不间断的维护和保养。几次重要的大修分别由君士坦丁一世在 320 年、狄奥多里克（Theoderic，东哥特人国王，493 年自立为意大利国王，译者注）国王在 500 年完成，但随后因疏于维护而慢慢衰败。燃料和水源方面存在着诸多问题，在哥特战争（Gothic Wars）期间，由于几座引水道被切断，加之罗马人口急剧下降，大浴场实际上已停止使用。847 年，发生了一次大地震，造成了浴场大规模的损坏，浴场内的各类建筑物渐渐变为败堞颓垣、断础腐栋。

在浴场的围墙内，农田大量涌现，附近一座教堂把此地当作了墓地。卡拉卡拉大浴场也无奈地变成了一座采石场，甚至砖块也被拆走，大量墙壁消失了，最后只剩下中心区的混凝土地核。大理石外饰板被撬走，用去装饰其他的宫殿和教堂，或者被烧成石灰粉去制作灰浆（或者精细的灰泥石膏）。被重新利用的大理石会被运至很远的地方，比如一尊花岗岩擎天大立柱就被美第奇（Medici）家族运到了遥远的佛罗伦萨。甚至窗户玻璃和玻璃镶嵌块（mosaic cubes）都能再利用，尤其是蓝色玻璃镶嵌块最受青睐，再次使用的频率更高，包括为欧洲的哥特式大教堂制作彩色玻璃窗户。

遭受劫掠过后的几百年里，有一些装饰依然在原地。教皇保罗三世（Pope Paul III）在 1540 年开始发掘。他挖出、搬走了数十尊雕像，包括法尔内塞·赫丘利斯（Farnese Hercules）雕像。1788 年，法尔内塞家族将这件珍贵藏品运到了那不勒斯，现在保存在那不勒斯考古博物馆。

就这样，这座大浴场变成了一个浪漫的废墟，绿

图示为卡拉卡拉大浴场内大冷水浴场的废墟。它将露天浴场与热水浴场和东西两翼连在一起。这个巨大空间内建有几座大理石砌就的长方形跳水池，拱形结构和窗户鳞次栉比。8 座庞大的埃及花岗岩圆立柱支撑着它横跨拱顶的天花板。

卡拉卡拉大浴场的建造

卡拉卡拉大浴场的废墟保存较好，如今依然高耸入云，高 60 米。专家、学者们十分好奇，希望一探奥秘，从各式建筑材料到建设工期，特别是珍妮特·德莱纳博士（Janet DeLaine）。统计资料让人难以置信。建设这座浴场一共耗费了超过 20 万立方米的混凝土、600 万块砖、6500 立方米的大理石和花岗岩、250 根圆立柱、1 亿立方米的石材和 2.5 亿块玻璃镶嵌砖。

雪莱创作的《解放了的普罗米修斯》就是在这处大浴场的废墟上写就的，"周围树木翠郁，繁花似锦，芬芳扑鼻，沁人肺腑"。

茵茵的田地充满了生机。雪莱的诗《解放了的普罗米修斯》（*PROMETHEUS UNBOUND*）基本上就是在这处卡拉卡拉大浴场的废墟山堆上写就的，"周围树木翠郁，繁花似锦，芬芳扑鼻，沁人肺腑"。这一切在 19 世纪末完全变了样。大浴场不再拥有沐浴设施，但仍然举办娱乐活动。自 20 世纪 30 年代起，露天歌剧表演在这里举办。在夏日的某个夜晚，华灯初照着下面宏伟的卡拉卡拉大浴场，人们在这样的环境中欣赏歌剧演员甜美的嗓音，沉浸那跌宕起伏的剧情中——卡拉卡拉绝对想不到大浴场竟能派上这样的用场。

一尊 220 年的"法尔内塞·赫丘利斯"大理石雕像。图示巨大的雕像展现了这位肌肉发达的半神形象，在取回赫斯珀里得斯（Hesperides，看守金苹果园的四姊妹，译者注）的金苹果后，疲惫不堪。这尊雕像是由希腊的一位叫戈里康（Glykon）的雕塑家雕刻的，他是根据公元前 320 年的一尊古希腊青铜原作仿制而成，雕刻家的名字刻在了大理石雕像的基座上。

3 世纪

奥勒利安（左），戴克里先（右）

3 世纪，正当罗马帝国成为惊弓之鸟时，奥勒利安的登基给古罗马带来了一线生机。

230—280 年，罗马帝国接二连三地发生了许多重大事件。这个危险的阶段主要是由皇帝家族内的数起暗杀（始于盖塔）累积而成，政治动荡，经济凋敝，持续时间之长，影响范围之广，造成的破坏之大，前所未有。敌对的皇帝之间发生激烈冲突，众多城市萎缩或被洗劫。皇帝们采用货币贬值的手段来供养军队，因此通货膨胀率迅速上升。没有强势的皇帝，罗马帝国就会四分五裂。250 年，不列颠、法兰西和西班牙脱离了罗马帝国，成立了高卢帝国（Gallic Empire）。其他敌人乘虚而入，放火烧毁大量城市，从西班牙的塔拉戈纳（Tarragona）到希腊的雅典。他们侵入了意大利，甚至一度威胁到了罗马。260 年，叙利亚巴尔米拉（Palmyra）的女王季诺碧亚（Zenobia）起兵反叛，攻占了埃及、叙利亚和安纳托利亚。政治动荡加上饥荒、瘟疫和自然灾害，3 世纪，罗马帝国危在旦夕。

3 世纪最后的几十年，让人们看到了些许希望，一个简短的喘息机会出现了，此时奥勒利安（Aurelian，在位时间：270—275 年）登基。奥勒利安出生于塞尔维亚（Serbia）西北部，行伍出身。他是骑兵部队的一名高级指挥官，出生入死，纵横驰骋，最终重新统一了罗马帝国并继位。他第一个打败了季诺碧亚，之后，接受了高卢帝国的投降，荣膺了"世界的恢复者（Restitutor orbis）"这一盛誉。在古罗马城，奥勒利安修建了一座宏伟的神庙，即战无不胜的太阳神神庙（Sol Invictus），持续推动一神教的发展，而早在 50 年前，埃

奥勒利安城墙内侧的再现图，至今这座城墙依然环绕着罗马的大部分区域。奥勒利安城墙由砖和混凝土建成，环绕着当时罗马所管辖的大部分地区。

拉加巴卢斯皇帝大力就推动了这项运动，他是支持一神教最早的皇帝。不过这座神庙完全消失了，但依然屹立的是奥勒利安的伟大遗产——罗马的环城防御城墙，即奥勒利安城墙（Aurelianic Walls）。

奥勒利安城墙

271 年发生了危在旦夕的紧急情况，日耳曼人向罗马快速推进。最终奥勒利安率兵击退了他们。有了前车之鉴，奥勒利安为了御敌于罗马以外，就着手修建环城城墙，275 年完工，总长度超过了 19 千米，涵盖面积为 1400 公顷。罗马的七座山和很多地区都包围在内，如马尔提乌斯校场和台伯河西岸的第 13 区（Trastevere）。

罗马初期的"塞尔维亚"城墙是由石灰华建成的，

而奥勒利安城墙则由混凝土构造，外墙皮用砖覆盖，大约 3.5 米厚、8 米高，整座环城城墙共修造了 380 座方形的高塔，塔间的距离大约为 31 米。这样布局的目的显然是大幅提高兵力调动的机动性，抢占战争先机，节约材料，有些现存的丰碑式建筑物直接被并入了城墙，包括水道的延伸部分和盖乌斯·塞斯提乌斯金字塔。从实际效用来看，奥勒利安城墙的确保护了古罗马城，但更多的可能是通过威慑而不是真刀真枪地大动干戈，但城墙本身也显示了奥勒利安皇帝誓死保卫罗马城及全体罗马民众的坚强意志和非凡才略。

　　311 年，马克森提乌斯皇帝为提防其死对头君士坦丁，将这座城墙几乎加高了一倍，强固了城门，但这些都是徒劳。312 年，马克森提乌斯在密尔维奥大桥（Milvian Bridge）战役中战死，君士坦丁轻轻松松就攻进

　　为了防备日耳曼人攻占古罗马城，奥勒利安匆忙组织建造了这座城墙。随着他的军队退出战斗，这些建筑物成了古罗马石匠行业公会所在地，后来的建设并没有经过深思熟虑，有一些重要建筑物如引水道和陵墓整体并入了这套防御体系。1870 年，当时的教皇利用这些城墙发挥了最后一次防御作用。

作为罗马历史和当下辉煌的一种见证，这座城墙巍然屹立了数百年。

了罗马城，未受到任何抵抗。400 年，洪诺留（Honorius）皇帝麾下的将军斯蒂里区（Stilicho）又将哈德良陵寝作为一处重要的堡垒并入城墙防御体系，把城墙提高到大约 18 米，同时把方形门塔改建成圆形。随着兵力减弱，古罗马城的守军采用新防御战术，费尽千辛万苦更新了的防御工事，但最终也没有经受战火的考验。410 年，哥特人洗劫了古罗马城；455 年，汪达尔人劫掠了古罗马城，在这两次攻占古罗马城的过程中，都出现了内奸。他们暗通款曲，打开了城门，将敌人迎了进来。

530—550 年，爆发了毁灭性的哥特战争。在这个过程中，意大利的东哥特（Ostrogothic）的统治者与拜占庭帝国展开了激战，双方进行了无休止的拉锯战，奥勒利安城墙终于还是经受了一次大规模的残酷考验。这次战役之后，随着罗马城的范围不断缩小，人口数量大幅降低（600 年古罗马城的人口可能只有 3 万，而君士坦丁时代超过了 100 万），这座环城城墙越来越显得不成比例，但作为罗马历史和当下辉煌的一种见证，依然屹立了好几百年。奥勒利安城墙最后一次发挥防御作用是在 1870 年 9 月 20 日。当时，教皇庇护九世（Pope Pius IX）的武装力量抵抗刚刚统一的意大利的军队。这次被困仅仅持续了 4 个小时，城市东北的匹亚门（Porta Pia）就被攻破了。经历了 1600 年的腥风血雨，这座城墙终于黯然退出了历史舞台。

275 年，奥勒利安被暗杀后，政治混乱和动荡进一步加剧，10 年内走马灯般出现了 6 位短命的皇帝，包括卡利努斯（Carinus）。在他统治期间的 283 年，一场大火烧毁了罗马广场和马尔提乌斯校场。285 年，一位巴尔干军事强人戴克里先（Diocletian，在位时间：285—305 年）继位，混乱的局面得到了缓解。他委任了一位他信得过的将军马克西米安（Maximian）为共治皇帝，同时将他收养为继子。两位皇帝共同迎击罗马的敌人，马克西米安在西部，戴克里先在东部。他们经受了艰难困苦后再次统一了罗马帝国，夯实了边境防线。针对公共事务、行政部门和古罗马行省的管治，戴克里先施行了一系列重要的改革措施。在戴克里先统治时期，由于基督教的流传越来越广，对罗马原有的宗教信仰造成了极大威胁，他发动了对基督徒的大规模迫害，数千人为因而殉难。

两位皇帝在共治期间，同甘共苦。305 年，为了使继承人能顺利继位，他们自愿退位。继承人一共有 4 位，东部和西部各两位。"四帝共治"模式起源于古希腊的"四头统治"制度，理论上可能行得通，有利于他们的继承人分享同样的权力。但可悲的是，对罗马帝国而言，实际情况却大相径庭。

戴克里先大浴场

在罗马，戴克里先和马克西米安开始重建和修复大量的里程碑式建筑物，如凯撒广场、罗马元老院和萨杜恩神庙。在建设自己的建筑物方面，他们于 306 年落成了巨大的戴克里先大浴场（Baths of Diocletian），使 1 个世纪前建造的卡拉卡拉大浴场黯然失色。卡拉卡拉大浴场保留了古代浴池原来的基调、布局设计和体量，但戴克里先大浴场后来多次改变用途，对周围环境影响长久。

尽管现代罗马已经将这些建筑融为一体，抑或这座现代城市对这些建筑的损害更加严重，但它们依然风采依旧，余韵犹存，迸射出璀璨的光辉，令人赞叹。戴克里先大浴场的占地范围巨大，达 14.06 万平方米，浴区面积达 4.5 万平方米。今天的共和国广场（Piazza della Repubblica）的蜿蜒轮廓就模仿了浴场综合体后面那座巨大半圆形露天建筑的曲线，因此又被称为"半圆形广场（Piazza dell'Esedra）"。戴克里先大浴场与其他公共浴池一样，建有轴向的热水区、冷水区、温水区和露天浴池，周围是一些配套建筑。这座大浴场还设有交谊室、体育馆、图书馆、花园和商铺，规模恢宏辽阔——包括从图拉真广场搬来的乌尔匹亚图书馆（Bibliotheca Ulpia）。

在哥特战争中，罗马的多条引水道被切断，戴克里先大浴场不得不关闭。当时，大浴场已无法正常运转，连工作人员都养不活，浴客更少得可怜，罗马的人口数量可能骤降到了戴克里先执政时期的仅仅 5%，大浴场不得不被弃置一旁。抛开这些不论，即使存在公共需求，基督教教会也将民众大规模沐浴（与浸礼截然相反）视作世俗的娱乐活动，因此予以坚决反对。

在 11 世纪末，一座教堂在大浴场上建了起来（基督教会经过一个净化的仪式，铲除了任何顽固的异教神灵），但在这座城市建筑物林立地区外的此类遗迹非常多，所以直到文艺复兴时期，这些建筑基本都保持了原样。1450 年，一位到访者记录道：大量圆立柱和其他装饰性物件仍然在原来的位置保持不变，这类遗迹的无数绘画作品显示出许多房屋的拱形屋顶仍然存在——有一些幸存到了今天。这些遗迹中的一处，位于众天使的圣玛利亚大教堂的左侧，就是八角大厅（Sala Ottagona）。这座建筑呈八边形，保存状况较佳，在近代历史上充当着罗马城的天文馆，现在公开对外展示。这种穹顶天花板有一种万神庙风格的屋顶圆孔（中心开口），减轻了圆屋顶了压力，阳光能够射入。

从文艺复兴时代开始，这个地区就变得比肩继踵，

喧闹无比，修建了许多住宅、别墅、公园和新道路。戴克里先大浴场的大量房屋都被历任教皇征用，用来存放谷物和油料。对教皇而言，控制和分配这些物资非常重要，因为这些东西曾经是供奉给皇帝的。1560 年，又在大浴场所在区域内建了一座修道院，有两个庭院，其中较大的一座可能是米开朗琪罗在 1564 年完工的作品，米开朗琪罗还将大型冷水浴室改建成了众天使的圣玛利亚大教堂。其中的拱顶结构高度为 33 米，红色花岗岩圆立柱中的大部分都是最初的布局，但简单敲一下就知道，剩下的圆立柱都是彩色石膏制成的。

与修建修道院时不同，后来建造的建筑物给戴克里先大浴场造成了重大损害。1580 年，教皇西克斯图斯五世（Pope Sixtus Ⅴ）拆毁了全部遗存建筑物的大约五

图为戴克里先大浴场。几百年来，这座建筑群损坏严重，功能大变，曾经充作一座储存谷物的仓库，被改建为一所监狱，甚至还有一座天文馆，但当初规划的整体结构都保留了下来。许多座建筑的屋顶至今还留存着，比如图中中左位置的冷水浴室，现在是众天使的圣玛利亚大教堂。

一幅 16 世纪的戴克里先大浴场的再现图。这座大浴场是文艺复兴时期艺术家和画家青睐的一个表现主题，由于保存状况极佳，他们得以记录了这些建筑物和装饰物中的大部分。在接下来的 200 年中，当权者搜刮建筑材料，建筑物的保管状况发生了翻天覆地的变化。祸不旋踵，到 19 世纪末巨大的半圆壁龛的遗迹（位于这幅画的底部）被拆掉，为建设国民大道（Via Nazionale）让路。

分之一——包括圆形的巨大热水浴室。19 世纪 70 年代，一条重要的国民大道穿过了后面的半圆式建筑，所以这座建筑后来就彻底消失了。

统一后的意大利建都罗马，这个地区就城市化了。新的终点火车站开始建设，住宅区拆迁了大量的豪宅和公园，这些都是此地的特色。那座修道院在 19 世纪 80 年代也关闭了，戴克里先的大量建筑变成了国立（戴克里先）浴场考古博物馆［National Archaeological Museum delle Terme（of the Baths），简称浴场博物馆］，尽管其他部分改成了一家孤儿院、一家救济院和一座监狱。直到 1911 年浴场博物馆最后接管，博物馆还与一所酒店、一所招待所共享现场的遮阳篷，与戴克里先音乐会咖啡厅（Caffe Concerto Diocleziano）共享场地。这座博物馆目前依旧占据着原戴克里先大浴场的现场，尽管它的藏品也同时会在附近的马西莫宫（Palazzo Massimo）展出。

戴克里先大浴场在它的存在期间内曾产生了巨大的

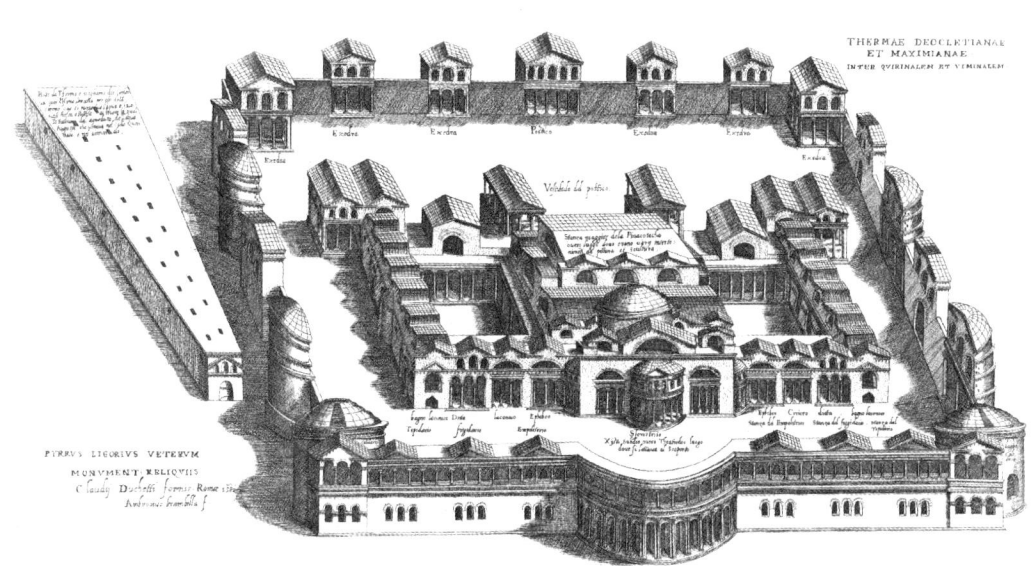

戴克里先大浴场中，冷水浴室里熙熙攘攘，喧天动地，此图为再现图。此处的每一角落都铺砌着大理石、镀金灰泥和彩绘马赛克，大量的雕像充斥在这个空间里。在古罗马，这是最大的浴室，既显示了戴克里先的权威和强势，也表现了他的恢廓大度。

历史上的冷水浴室在当今的景象，已有天壤之别。当今的这个场景位于众天使的圣玛利亚大教堂内。原始的古罗马装饰早已影踪皆无，但是五彩大理石仍然使人回想起这座建筑的金碧辉煌、错彩镂金。巨大的面积和翼然壮丽的圆立柱也都保存了下来（纵然有一些圆立柱是石膏的复制品）。

影响。在同类建筑综合体中，它的规模最大，对所在地区影响深远。但在完成了自己原来的历史使命后，戴克里先大浴场也起到了多种多样的作用，这种作用始料未及。戴克里先大浴场演变成了各种用途的场所，从教堂到咖啡厅，从油料仓库到天文馆——这样的遗产恐怕是戴克里先和马克西米安所无法想象的。

可悲的是，戴克里先和马克西米安的伟大遗产"四帝共治"制，也就是多位统治者共同治理帝国的美妙设想，却在他们于 305 年隐退后不久，像肥皂泡一样破灭了，各路枭雄又在为争夺皇位而兴兵动武。

马克森提乌斯
（在位时间：306—312 年）

在非基督教皇帝中，马克森提乌斯是主持建造重要世俗和地标性建筑物的最后一位，他是戴克里先的共治皇帝马克西米安的儿子。在废黜了盖勒利乌斯（Galerius，戴克里先指定的继承人）并宣布自己继承了帝位后，马克森提乌斯修复了维纳斯与罗马神庙，新建了神圣罗慕路斯神庙（Temple of Divus Romulus），在罗慕路斯神庙附近还建造了马克森提乌斯方形会堂（Basilica of Maxentius）。在遥远的不列颠，他的对手君士坦丁被其古罗马军团拥立为奥古斯都，着手实施自己的宏图伟业。

马克森提乌斯渴望复兴古罗马城往日的辉煌与荣耀。

马克森提乌斯方形会堂

马克森提乌斯渴望复兴古罗马城往日的辉煌与荣耀，但此时的古罗马城被 "四帝共治" 制搅得四分五裂。他加固了城墙，用五彩立柱和大理石修复了维纳斯与罗马大神庙。306 年，他修建了马克森提乌斯方形会堂。会堂后来一度成为多座仓库，包括药草库。因此，古罗马城的医生使用药草很便利，其中包括角斗士医生盖仑（Galen）。283 年的大火将这座会堂付之一炬，这倒成了马克森提乌斯新建项目的天赐良机。

如今，破败的马克森提乌斯方形会堂是该地区首屈一指的建筑，也是建在罗马广场上的最后一座建筑物，长度超过 80 米，更是罗马帝国最大的单体拱形建筑。尤利亚方形会堂（Basilica Julia）、戴克里先大浴场的拱形大厅（同年落成）等都效仿它。马克森提乌斯方形会堂更加宏伟，高达 25 米的拱顶形成了一个侧廊，平行的侧廊在拱顶大殿的另一侧，而这座大殿高达 35 米，用六边形和菱形的花格镶板装饰着。这种花格镶板在高处衬托出一种壮观奇景。此外，这样的结构能减轻天花板产生的压力。之后的建筑设计从此获得启迪。

诸多建筑物必然炫耀一位皇帝的财富和权威，在建设中出现的一些场景还会打动民众，展示皇帝的盖世雄才和雄厚国力。科林斯式独石立柱高 15 米，重量超过 90 吨，用产自安纳托利亚半岛普罗科奈希安（Proconnesian）的洁白大理石制成，支撑着马克森提乌斯方形会堂用花格镶板装饰的中殿天花板的 8 个起拱面。单单将这些石料运到罗马就已是冠世之功。纵使这些大石柱运到罗马，还要牵套 25 对牛拉的车（一种牲口拉的一长列的车）穿过大街小巷运到建筑工地。沿途的旁观者目睹这样的场景，会感到他们的君主的雄才伟略和盖世功勋。

放眼望去马克森提乌斯方形会堂 3 座现存的拱顶，看到的罗马广场东端一景。作为古罗马规模最大的方形会堂，它成为马克森提乌斯对古罗马城承诺的一种象征。

马克森提乌斯方形会堂高峻挺拔的内景的再现图。这是罗马帝国最大的拱形空间。

马克森提乌斯方形会堂内部的地板和墙壁全都用色彩斑斓的大理石建成，多间壁龛密布着各式精致的雕像。大殿的窗户很大，由大量几何特征鲜明的窗花格构成，上方的天花板宛如一个巨大的艳丽华盖。在西端的一个半圆形空间内，矗立着一座巨大的马克森提乌斯的坐像，最初高 15 米。如果全由坚硬的石材雕刻，坐像就会压垮地板，所以这尊雕像的四肢和头部使用大理石刻制，躯干部分采用了木材，外面镀上了青铜。312 年，马克森提乌斯去世。他死后，君士坦丁将这座雕像的头部换成了他自己的。他修缮了这座建筑，在北面加建了一座大型半圆形空间，还修建了另外一座门，直通神圣对页图：马克森提乌斯方形会堂的巨大侧廊。花格镶板结构使这座建筑十分坚固，而重量不会增加很多。每一个同轴心的八边形镶嵌板用灰泥来充满、粉饰，这些灰泥镀成金色或呈现绚烂艳丽的色彩。墙壁用大理石贴边，壁龛内摆满了诸多神灵和皇帝们的雕像。

右图：西面的大型半圆形壁室内，是一座巨大的马克森提乌斯坐像。马克森提乌斯死后，君士坦丁将这座巨像占为己有，把头像换成他自己的。1486 年，人们在这个半圆形房间内发现了巨像的头像等组成部分。

路和罗马广场。

罗马帝国土崩瓦解后，马克森提乌斯方形会堂的重要性逐渐式微，空间被大大压缩。629 年，这座会堂的瓷砖被拆走，用于修建圣彼得大教堂。847 年的一次地震，震塌了一个侧廊以及中殿的一部分，其余部分也未能幸免。1349 年的地震可能将这座会堂夷为平地。之后，这里就成为一座石料场。1457 年，石料窃贼在西边的半圆形室发现了巨像的头部和四肢（现陈列在朱庇特博物馆内）。会堂铺砌道路的彩色圆形和方形大理石板在文艺复兴时期被发现，当时保存极佳。不过，这座遗迹被当作了谷仓和骑士学校，这座会堂在 19 世纪 40 年代又被改为军事训练大厅，地板遭到了彻底损毁。这座会堂原来有许多大立柱，其中有一尊在 17 世纪初依旧矗立在原地，随后被移走用于充当圣母玛利亚雕像的基座，这座雕像摆放在圣母玛利亚大教堂的正前方。

通过修建这座会堂，马克森提乌斯欲将罗马广场的一部分变成一座赞颂自己和家世的不朽丰碑。不过，君士坦丁移花接木，马克森提乌斯的遗产被毁得七零八落。

IMP CAES FL CONSTANTINO MAXIMO
P. F. AVGVSTO   S. P. Q. R.
VOD INSTINCTV DIVINITATIS MENTIS
MAGNITVDINE CVM EXERCITV SVO
AM DE TYRANNO QVAM DE OMNI EIVS
FACTIONE VNO TEMPORE IVSTIS
ERPVBLICAM VLTVS EST ARMIS
VM TRIVMPHIS INSIGNEM DICAVIT

第 6 章

从畴昔走向新纪元

君士坦丁
（在位时间：306—337 年）

君士坦丁可能是"四帝共治"制的最大受益者。他不是指定的四位继承人之一，而是其中一位继承人康斯坦提乌斯（Constantius）的儿子。310 年，君士坦丁在不列颠开始了他统率古罗马军团的生涯。他仅用了 10 多年的时间，练就了盖世无双的军事才能、磨砺了残酷无情的品性，再加上好运，使他如愿登上了罗马帝国唯一统治者的宝座。他改革后的币制、军队和行政管理体系，成为帝国余下的时间内有效运行的最终制度。

君士坦丁的精力全都集中在君士坦丁堡上，但在广大民众的观念中，没有一个皇帝胆敢不把古罗马城放在眼里。

君士坦丁通常被认为是罗马帝国第一位皈依基督教的皇帝，这实际上存在谬误。他逐步善待基督徒，强力介入重要的教会决策，最终将基督教确定为国教。他还创建了一座设在拜占庭（Byzantium）的基督教新首都，新首都被命名为君士坦丁堡（Constantinople），此举一劳永逸地转移了皇帝的重心。但与此同时，也加剧了业已存在的罗马帝国东、西方分裂的局面，对古罗马城而言，这一系列决定影响深远，给它的前途蒙上了一层厚厚的阴影。

君士坦丁拱门

君士坦丁的精力全都集中在君士坦丁堡上，但在广大民众的观念中，没有一个皇帝胆敢不把古罗马城放在眼里。为了加强古罗马城的实力（做样子给别人看），他建造了最后一座大型拱门［君士坦丁拱门（the Arch of Constantine）］和最后一座皇帝浴场，把马克森提乌斯方形会堂改成君士坦丁方形会堂。然而，君士坦丁的建筑项目中有第一批皇帝建的教堂——包括圣彼得大教堂、拉特兰诺的圣乔瓦尼大教堂和城墙外的圣保罗大教堂，过往的皇帝大多建造的是广场、神庙、浴场、竞技场等歌功颂德式建筑物，因此君士坦丁大建教堂非比寻常，代表着时代的重大转变。

君士坦丁拱门的地理位置极为优越，毗邻大角斗场和罗马广场的入口。拱门高 25 米，宽 26 米，是古罗马最后一座大型世俗丰碑式建筑物。315 年，为纪念君士坦丁于 312 年 10 月 28 日完胜马克森提乌斯，元老院作出决定，将这座建筑敬献给他。建设这座拱门大量使用了从别的建筑物上拆下的石料，这意味着新建筑材料使用量的减少，导致原有的老旧标志性建筑物陆续被拆解，个中缘由可能是艺术家和能工巧匠数量的减少（或者无法胜任）。据说，君士坦丁并不想建造这座新拱门，他只是希望整修一座原

君士坦丁拱门，毗邻大角斗场和罗马广场的入口，深深地烙上了君士坦丁的印记，进一步巩固了他的权势。装扮这座拱门的大部分装饰并不是与君士坦丁同时代的，而是年代较早的几位皇帝时期的，如图拉真和哈德良。

有的同类建筑，可能是哈德良拱门，但这种说法听起来说服力不强。无论当时是怎样的情形，这座建筑是迄今为止罗马保留下来的拱门中最复杂的一座。在南北（靠近大角斗场）两侧的顶端刻着一些铭文，上面记载着君士坦丁宣扬他打败了马克森提乌斯，但这个功勋应当归功于"……一位神灵 / 上帝的启示……"，而且，他也直截了当地以地道的皇帝口吻记录：此次大捷也应归功于"……君士坦丁的盖世之才……"。他所说的"启示"可能指的是在看到了密尔维大桥战役前夕，他迷迷糊糊地在幻觉中见到了基督的十字架。

　　铭文的两侧雕刻着达契亚（罗马尼亚）囚徒，他们身着长裤，留着长短胡须，乱蓬蓬的。这些雕像大概可追溯到 100 年图拉真的统治时期，长方形的大型雕刻能源自 2 世纪 60 年代马可·奥略留的治下。朝南的一侧表现了君士坦丁在与日耳曼人战争中的激烈场面，具体刻画的是他在监管被俘虏的日耳曼酋长们，或者在主持用牺牲品祭祀仪式（Suovetaurilia Sacrifice，一种十分庄严肃穆的祭祀活动，把一只羊、一头猪和一头牛作为牺牲品，奉献给神灵）。在君士坦丁的背后，古罗马军团的旗帜高高飘扬。北侧表现了君士坦丁凯旋的景象，他坦然坐定在罗马广场中，后面的公共建筑的圆立柱上挂满了花环，与此同时，野蛮人的惊恐和悲哀也恰如其分地展现在雕刻场面上。有意思的是，在任何一处出现马可·奥略留头像的地方，全都被修改成了与君士坦丁相像的头像，意图再明显不过：要让民众摆脱奥略留，牢记君士坦丁本人的形象。

　　五彩石料的使用也同样给人留下深刻印象。一些圆立柱呈淡黄色，而有些圆形饰物被创新性地重新布置，映衬在紫色斑岩的背景中，这些圆形饰物是从哈德良在 2 世纪 30 年代修造的一处地标性建筑物上拆下来的。建筑物南侧描绘着哈德良在狩猎，并向狩猎女神狄安娜（Diana）献祭；北侧再次显现了他献祭的场面，这次献祭的对象是阿波罗——狄安娜的兄长，之后是他站在一头死狮子身上的场面，可能是为了纪念他在沙漠中猎获了这头狮子，这件事发生在哈德良于 130 年巡游埃及期间。

在所有使用的二手石料中，也有一些代表着君士坦丁浓厚色彩的构件。较短侧面的圆形饰物上描绘了月亮女神卢娜（Luna）驾乘着精致的双马拉辕的战车，还雕琢了驾驶 4 匹马拉的赛车的太阳神索尔（Sol）。长着翅膀的胜利之神布置在主拱门的侧翼，他们的翼翅和发型更沉重和浓密，不如罗马广场上的赛普提密乌斯·塞维鲁拱门表现得生动，显得更加沉重。这反映了当时艺术氛围的变化，以及 3 世纪以后国力衰败、金尽裘敝的窘境。大量故意重复使用的异教场景令人震惊，反映出异教在古罗马的持续强势，以及包括君士坦丁本人在内的许多人在宗教信仰方面的潜在矛盾性。

环绕这座拱门的雕带描写了君士坦丁击败马克森提乌斯的一系列事件。君士坦丁从米兰发兵，他麾下的军团将士身着罗马帝国末期的军服，如绑腿和圆筒帽，猛攻维罗那（Verona），到达罗马后与马克森提乌斯决一死战。这次战役异常激烈，战场上的尸体堆满了台伯河，河水被染成了红色。获胜后，君士坦丁乘坐一辆战车耀武扬威地进入古罗马城。之后，罗马广场就展现了他的英姿。君士坦丁在大讲坛上登上了皇位，大讲坛的右侧是赛普提密乌斯·塞维鲁拱门，尤利亚方形柱廊会堂位于左侧。君士坦丁向广大民众分发钱财——为了看得更清晰，一个男性甚至把自己的孩子高高举起。几座大立柱表现了士兵们将马克森提乌斯的追随者当作俘虏

押走的场面，而胜利之神在礼仪性的盾牌上记录着君士坦丁的皇皇伟业。

　　君士坦丁拱门的重要地位及其"基督徒"皇帝君士坦丁的深深烙印，使得这座建筑得以幸存至今。这座拱门在古罗马艺术中占有重要地位，因此它常出现在意大利文艺复兴时期的众多艺术品中，如波提切利（Botticelli）和佩鲁吉诺（Perugino）创作的西斯廷教堂（Sistine Chapel）画面背景。故事到此没有结束，后面还有一个当代尾声。2006年，有关人员在赛普提密乌斯·塞维鲁拱门附近发掘时，发现了一个地窖，地窖里是各种古迹，里面有礼仪长矛和权杖——可能是马克森提乌斯皇权的标志。这些东西被埋在他死对头所建的建筑物下。

拉特兰诺圣乔瓦尼大教堂与圣乔瓦尼方尖碑

　　古罗马城东南的拉特兰诺圣乔瓦尼大教堂（Basilica of San Giovanni in Laterano）就坐落在城墙内。这座教堂的名字中有"拉特兰诺"是由于它建在罗马豪门巨室拉特兰家族的宫殿和庄园内。在拉特兰诺圣乔瓦尼大教

对页上图：君士坦丁拱门两侧的最高处镌刻着一段铭文，讲述了君士坦丁是如何击败马克森提乌斯的，两侧站立的都是俘虏，他们是图拉真在 200 多年前抓获的罗马尼亚勇士——这座拱门"二手利用其他建筑物材料"的一个生动案例。

对页下图：君士坦丁拱门的较短外端是君士坦丁时代的一些圆形饰物，表现了月亮（此处可见）和太阳。君士坦丁虽然对基督教很宽容，但他知道古罗马城的异教信仰占统治地位，他的形象因而采取了模棱两可的方式。

右图：君士坦丁拱门北侧的细部，这中间就有从哈德良在 2 世纪 30 年代修建的一座重要建筑物上拆下来的两块圆形装饰物，下面的浮雕展现了君士坦丁向民众慷慨赠送钱物的场面，不过这是 200 年后的情景。

堂，除了大量的碑铭和回廊里的建筑及青铜大门外，其他遗留下来的东西很少，残迹可追溯至 2 世纪，是 17 世纪 60 年代从元老院搬过来的。但对地下和圣乔瓦尼大教堂周边的考古研究则发现了大量的建筑，包括一座华丽的别墅。这座别墅可能是赛普提密乌斯·塞维鲁皇帝于 200 年左右奖励给提图斯·塞克斯图斯·拉特兰努斯（Titus Sextus Lateranus）将军的，有些墙壁用大理石作外立面，高度超过了 6 米。

2 世纪 90 年代，赛普提密乌斯·塞维鲁将古罗马城的这座建筑改为皇帝禁卫军骑兵的新营地。它也成了皇帝的"塞索里亚宫"（拥有自己的竞技场和表演场地）和这座城市东部和东南部已有的一组堡垒的一部分，实际上强化了它的军事性质，更富有帝国的印记。除了新营地外，还有一片驻地建有多座营房和一栋漂亮的住宅，住宅可能是司令官的官邸，是在 2016 年修建一条地铁新线时发现的，这座驻地的原址将会并入密特罗尼亚门（Porta Metronia）车站。赛普提密乌斯的新营地建在一座巨大的砖混结构的平台上，将这个地区彻底

改头换面，他又加建了许多方形塔楼，进一步加固了外墙，因此整座建筑牢不可破。营地内有一幢指挥部建筑（Principia），用镶嵌画、湿壁画和雕像装饰得美轮美奂，指挥部的周围密密麻麻地建有一排排的营房。这处兵营时刻提醒民众，他们的皇帝是一位大权在握的真正独裁者（罗马军团的最高统帅），他可以动用强大武力随时扳倒任何敌对的人。312 年，君士坦丁为了惩罚对马克森提乌斯忠心耿耿的禁卫军骑兵，摧毁了这座军营。他在此修建了宏伟的基督教教堂。教堂以原来的指挥部建筑为中心，尽管长度约为 100 米，但对教堂而言还是太大了。这座教堂先是供奉救世主耶稣基督，后来供奉传对页图：拉特兰诺圣乔瓦尼大教堂。君士坦丁在古罗马城建造了多座教堂，但只有一小部分建在了城墙以内。随着这位皇帝关注的重心逐渐转向了基督教，这对修建教堂绝对是一个好消息，但对古罗马城其他的地标性建筑物而言，则可能意味着日薄西山。

右图：圣乔瓦尼大教堂的洗礼堂，又称圣洗池的圣约翰教堂，大约在430年修建，是罗马帝国幸存下来的最古老的洗礼堂。这些建筑的立柱都是用大理石和斑岩制成，墙饰板用的是五颜六色的镶嵌画，而雕像是用青铜和纯银刻制。

道者圣约翰和施洗者圣约翰，意在使之成为罗马主教的主教座堂——教皇席位的发源地，所以它是古罗马的第一座主教座堂。考古学家再现了这座教堂的规划图和内部结构。它有5个大侧廊，中殿柱廊由庞大的红色花岗岩立柱组成，这些立柱使用的是二手石材。还有一座精美的祭坛围屏被几尊科林斯式青铜立柱支撑着，多座基督、使徒和天使的银质雕像装扮着围屏。科林斯立柱可能是从朱庇特神庙拆下运来的——从旧神的老巢到新神的家园，现在位于大教堂的北侧交叉甬道。

君士坦丁把精力集中在教堂建设上。他既修建教堂，也向教堂慷慨捐助大量钱物。他的这种做法既向古罗马社会发出了一次关于宗教转向的重要而又强烈的信号，同时又强势推动了这个转向。随着基督教群体的不

断壮大，以及他们的君士坦丁皇帝（和后来的历代教皇）对基督教信仰的愈加坚定，帝国的各种资源投向供奉上帝的各个教堂。任一贵族阶层的成员，若是需要或渴望得到皇帝的恩准或支持，都得转而信仰基督教。后来的罗马帝国尽管财政拮据，但向基督教建筑的倾斜愈演愈烈，必然对老旧世俗或异教标志性建筑物产生负面影响。

圣乔瓦尼大教堂的后面是一座八边形的洗礼堂，即圣洗池的圣约翰教堂（San Giovanni in Fonte）。这座古罗马最古老的幸存（得到认可的）洗礼堂建于 5 世纪 30 年代，或许是在一座由君士坦丁建造的更早期洗礼堂的原址上建成的。巨大的斑岩大石柱屹立在入口两侧，一直引向洗礼堂，周边是深红色斑岩和白色大理石圆立柱。参加洗礼的信徒站进洗礼堂，圣水（引自克劳迪亚引水道）倒在他们的身上。根据传说以及附近那尊方尖碑上碑文的记载，君士坦丁就是在这里接受洗礼的，但他的洗礼更有可能是在他临终的床上进行的，此时他不在古罗马城，而是在遥远的尼科美底亚（Nicomedia），此地倒是距离君士坦丁堡很近。

这座洗礼堂铺满了镶嵌画、珍贵的大理石外饰板和昂贵的金属塑像。不幸的是，在以后重建中，这类装饰的大部分毁坏了，而雕像则在古罗马城遭到洗劫时被盗走。455 年，汪达尔人劫掠了无数财富。除了基督教教堂的金银餐具和雕像，以及从朱庇特神庙鎏金屋瓦，他们还掳走了韦斯巴芗从耶路撒冷神殿（Temple of Jerusalem）抢回的大烛台，当时大烛台敬奉在和平神庙内。据说，410 年阿拉里克（Alaric）洗劫古罗马城后，为安全起见，大烛台被送到圣乔瓦尼大教堂妥善保管。

这座洗礼堂正前方的广场上，圣乔瓦尼方尖碑（San GovannI Obelisk）巍然屹立。它的高度超过 32 米，

过去一见到各式方尖碑，人们自然就联想到古埃及傲睨一切的权威和钱过北斗的财富，但当它们被迁移到罗马后，遐想的对象就变为了古罗马。

圣乔瓦尼方尖碑高达 32 米，是罗马迄今为止最高的方尖碑。人们是在大圆形竞技场中发现了它的部分断壁，1587 年，教皇在此地重新将这座方尖碑竖了起来。如同古罗马皇帝一样，这位教皇希望展示他的慷慨，并利用它的影响——兼顾埃及和罗马帝国两种背景。

Jam pia Subiecti mundi vaga regna regebas
Roma effecta nouae religionis amor
Cum ualde Aegypti ignotis transuectus ab oris
Constiti, et egregia mole superbus eram
Sed proh conditio rerum miseranda, ruinis
Paulatim oppressam coeca refixit humus
Corpore confractus foso, priscaeq decore
Nudatus

Nudatus nulli conspiciendus eram,
Roma reuiuisco fulgent noua Saecula, suq
Temporibus Sixti pristina Roma redis
Mecum igitur gratis contende rependere dignas
Vocibus et uoces consociare meis
Semper ego Sixti seruabo nomen in Orbe
Semper ero Sixti gloria, semper honos

SIXTVS·V·PONT·MAX·CRVCI·INVIC
TISSIMAE·AD·BASILIC·S·IO·IN·LATERANO·

SIXTO·V·PONT·MAX·

Niclaus uan Aelst Belga for aeneis
incis dicauit Anno M·D·LXXXVIII·

·FL·CONSTANTIVS·AVG·CONSTANTINI
AVG·F·OBELISCVM·A·PATRE·LOCO
SVO·MOTVM·DIVO·ALEXANDRIAE·
IACENTEM·TRECENTORVM·REMIGV
IMPOSITVM·NAVI·MIRANDAE·VAS
TITATIS·PER·MARE·TIBERIM·Q·
MAGNIS·MOLIBVS·ROMAM·CONVEC
TVM·IN·CIRCO·MAX·PONENDVM·
S·P·Q·R·DD·

SIXTVS·V·PONT·MAX·
OBELISCVM·NVNC
SPECIE·EXIMIA
TRACTVM·CIRCI·MAX·
RVDERIBVS·VBI·IAM
ALTE·DEMERSVM·MVLTA
IMPENSA·EXTRAXIT
HVNC·IN·LOCVM·MAGNO
LABORE·TRANSTVLIT
VORMAEQ·PRISTINAE
ACCVRATE·RESTITVTVM
CRVCI·INVICTISSIMAE·
DICAVIT
A·M·D·LXXXVIII·Fontan

FL·CONSTANTINVS·MAXIMVS·AVG·
CHRISTIANAE·FIDEI·VINDEX·ET
ASSERTOR·OBELISCVM·AB·AEGIP·
TIO·REGE·IMPVRO·VOTO·SOLI
DEDICATVM·SEDIB·AVLSVM
SVIS·PER·NILVM·TRANSFERRI
ALEXANDRIAM·IVSSIT·VT·NO
VAM·ROMAM·AB·SE·TVNC·CON
DITAM·EO·DECORARET·MONV
MENTO·

CONSTANTINVS
PER·CRVCEM
VICTOR
A·S·SILVESTRO·HIC
BAPTIZATVS
CRVCIS·GLORIAM
PROPAGAVIT·

Domenico Fontana da Mili dioc: de Como Cauall: Spron: Doro
Conse Pallat Architetto G.rale de SS.ti conduttore et erettore·

Mota proprio Sixti·V· Pont· Max· per annos XV·
Ambr: Brambilla frat

今天，虽然这座方尖碑的政治意义已消失，但它依然是罗马城最具影响力的纪念碑之一。据说这座纪念碑最早是在公元前 1400 年左右在埃及的底比斯竖起的。拉丁语的碑文讲述了君士坦丁虽想尽了方法，仍无法将这座方尖碑运至"新罗马（君士坦丁堡）"。357 年，他的一个儿子康斯坦提乌斯二世将这座方尖碑运回了"旧"罗马，并竖立在大圆形竞技场里，此时君士坦丁已入土 20 年，如果他活着，不知会做何感想。

重量达到 300 吨。在罗马幸存的方尖碑中，它是最高、最大的；也是世界上最高和最大的方尖碑。其历史可追溯至公元前 1400 年，因此它是最古老的方尖碑。碑文上记载：古埃及法老图特摩斯三世在底比斯的阿穆恩 – 拉（Amun-Ra）神庙是如何竖起这座丰碑的。君士坦丁将这座方尖碑从底比斯运到亚历山大里亚（Alexandria），准备装船运送回罗马，但无法解决运输上的难题。所以这座碑滞留在了亚历山大里亚长达数十年。君士坦丁的一个儿子——康斯坦提乌斯二世（Constantius Ⅱ），最终攻克了这一运输难题。运输方尖碑的船安装有 300 只船桨，船的"体量惊人"。357 年，方尖碑被装船运到了古罗马城，竖立在大圆形竞技场的中心预留区。

一看见方尖碑，人们就会联想起古埃及，但它们当被迁到罗马并矗立在那里后，人们对方尖碑的遐想对象一下子就转到了古罗马身上。康斯坦提乌斯二世从未在罗马生活过——实际上他只去巡视过一次。作为一位君士坦丁堡的皇帝，他为古罗马城这座永恒之城树碑立传，仍然是权宜之计。1587 年，这座方尖碑被发现，它就坍塌在大圆形竞技场，当时的教皇决定在圣乔瓦尼教堂附近将方尖碑重新竖立起来。他最后选择了马可·奥略留骑马雕像直到 16 世纪 40 年代依然所在的位置。这是代表权力更迭的信号。

君士坦丁的建设工程中虽然有一些是出于世俗目的，但主要集中于教堂的建造，为 4 世纪及以后的岁月定下了基调。337 年他死后，君士坦丁的儿子们为争夺帝国的皇位而不惜同室操戈。对于宗教信仰的分歧也变得越来越大，一开始矛盾集中在异教与基督教之间，然后是基督教不同的派别之间。从建筑物的修建情况来看，皇帝掌控的国库集中投向了基督教教堂和君士坦丁堡的建设。

最后的异教徒

尽管基督教如火如荼，但古罗马依然有大量异教徒，其中一些人非常富有，而且十分虔敬。在一个短暂时期（361—363 年），甚至还有一位异教皇帝尤里安（Julian），他足智多谋，处心积虑地逆转新宗教的优势地位。他采取的办法不是烧死基督教的信徒，而是撤销他们在税收上的特权和其他实际的既得利益。如果他在位时间能长一些的话，历史说不定能够改写。不过即使他重新将部分土地和资金投向神庙，试图重振异教，但修建公共建筑，无论是异教还是世俗建筑物的好日子都一去不复返了。事实上，瓦伦提尼安（Valentinian）皇帝在 4 世纪 60 年代末期曾经说过：古罗马修造了足够多的公共建筑，其他任何新型建筑的建设基本上被禁止。不过，古罗马频发的大火，再加上饱经岁月的肆虐，各式建筑免不了被侵蚀甚至损毁，的确需要维修甚至重建。尽管教皇及皇帝不予许可，彼时的法令设置了诸多限制，但异教徒们还是修复了许多里程碑式的建筑物，尤其是在依然坚如磐石的纯异教的罗马广场上面，如萨杜恩神庙与和谐诸神门廊（Portico of the Harmonious Gods）。

尤利安

尽管教皇及皇帝不予许可，但异教史诗般的建筑物还是继续得到了修复。

萨杜恩神庙

萨杜恩神庙的正面雄踞在罗马广场的南端。神庙的圆立柱现在看起来很怪异，也显得很孤单，因为神庙的外墙全都不见了，此外，还从罗马广场辟出了楼梯作为通道。

第一座萨杜恩神庙可以追溯至公元前 5 世纪 90 年代，是罗马共和国较早一批建筑之一。公元前 42 年，卢修斯·慕纳提乌斯·普兰库斯（Lucius Munatius Plancus）

萨杜恩神庙是古罗马古老的神庙之一，现在的遗迹是在 360—370 年重建的。那时，皇帝皈依了基督教，但古罗马依然信奉多神教。萨杜恩神庙的正面铭文讲述了一次由元老院和罗马民众进行的重建过程：这是向瓦伦提尼安皇帝发出的一次赤裸裸的挑衅，异教信仰的势力依然不容小觑。

重建了这座神庙。萨杜恩神庙也具备一种世俗功能，即储存这座城市的部分财富（尤利乌斯·凯撒抢来的），这座神庙的一些残迹在矮墙的正前方依然清晰可见。

萨杜恩，即古希腊神话中的土地神克洛诺斯（Kronos）神，是最早确立的与罗马有关的诸神灵之一，他主宰着农业、牲畜和乡村。神话故事上说，宙斯把克洛诺斯驱逐出希腊，他四处流浪，来到了罗马，遇到了双面神雅努斯（Janus，另一位逃难者）。雅努斯鼓励他，为他打气，他在卡比托利欧山上建了一座城就叫萨杜尼亚（Saturnia）。克洛诺斯长期主宰着这座城，创造了一个"黄金时代"，直到罗慕洛斯或赫丘利斯来到罗马。在这座神庙内部有一座克洛诺斯的古代雕像，可能是木质或象牙雕制成的，被面纱遮盖着，手里拿着一把剪枝刀——强调他与农业的关系。奇怪的是，他的足部被羊

农神节

古罗马的农神节在每年的 12 月 17—19 日举行，没有跨越冬至（12 月 25 日）。因此，这个节日不与圣诞节有直接的联系，也不可能有任何联系，但在风俗和特征上有相似之处。

这个节日里，农民不用在田野里劳作，银行临时歇业，法庭诉讼暂时中止，各种照明灯具照亮冬日的黑夜。每个人都可以率性而为。甚至有几天奴隶们还可以临时放纵一下，他们可以自由饮酒和欢宴（可能与他们的主人一起就餐，甚或由主人服侍奴隶），不过一个明智的奴隶一般都会知道农神节眨眼间就结束了……更普遍的放纵还包括不再穿着"职业套装"宽外袍，通常情况下，节日期间饮酒、享乐、歌舞和赌博会更加自在，无拘无束。

人们会互相赠送礼物 Sigillaria，尤其是在节日最后一天。Sigillaria 是一种常见的礼物，名字取自 sigilla（封垫）或泥雕。诗人马提雅尔开出了这种礼物的名单，列出了雕像、棋类游戏、文学作品、球类、灯具、化妆品、酒杯、服饰、室内装饰品，甚至活蹦乱跳的动物，礼物上面写着简短的箴言。在那一段时间内，"Io Saturnalia"的喊叫声始终响彻大街小巷。不过，不是每个人都喜欢这个节日。作家普林尼就躲在自家宅院的几个房间里，因此众多狂欢者不会注意，也不会骚扰他。不过，令罗马的基督教统治者感到不安的是，当异教信仰被取缔后，农神节还持续了很长一段时间。

毛绳捆绑着，在他自己的节日——农神节（Saturnalia）到来时绳子才被解开。

我们今天所看到的萨杜恩神庙几乎可以肯定是 4 世纪末重建时的模样。上面的铭文清楚地记录着元老院和古罗马民众（不是在位的那位皇帝修建的，皇帝当时一般都是基督徒）在神庙被大火焚毁后（Incendio Consumptum）是如何复建这座神庙的。不同寻常的是，这些圆立柱的柱顶典雅、原始，属于爱奥尼亚风格，而不是皇帝惯常采用的科林斯柱式（非常匹配，可能是专门为这次重建而刻制的）。另一个引人注目的特色就是使用明显错配和被多次利用的立柱构件——不同厚度的圆柱体和不匹配的底座。从内部结构看，柱顶盘显然也

独树一帜的和谐诸神门廊，紧靠着萨杜恩神庙，其中有一条柱廊和内部相通的大厅，大厅里摆放着罗马 12 位主要异教神明的青铜雕像。这些雕像以成对的方式"非常融洽"地陈列着，例如维纳斯和他的情侣马尔斯、朱庇特及其王后朱诺。这座门廊是在罗马修建的最后一座纪念性异教筑物。

是从别的建筑拆下来再次使用的。这通常被解读为一种信号，那就是囊中羞涩——即使是对元老们而言也是如此——在罗马帝国的末期，他们想要找到优质的建筑材料显然有些力不从心了。还有些人认为，此地建筑材料的再次使用时是有意而为——将古罗马过往的辉煌与建筑物聚合在一起，揉进一座由元老院（与皇帝无关）主持的对古代建筑的再建工程中。无论是出于何种考虑，萨杜恩神庙向古罗马明确发出了一个清晰的宣言：在基督教飞速攻城略地、所向披靡的形势下，异教贵族在公益事物中依然拥有较强的话语权。这是一种坚定和蔑视的声明（对基督徒来却是一种挑衅）。

和谐诸神门廊

在大档案馆的下面，是另一座古代异教建筑，即和谐诸神门廊。虽然古罗马拥有很多具有划时代意义的建

筑物，但这座门廊很可能是在罗马共和国战争期间修建的第一座敬神建筑。它有 6 座大厅，周边竖有圆立柱，大厅里安放着 12 尊主要神明的镀金雕像，它们都是两尊一组，成对摆放，包括神明夫妻（朱庇特和朱诺）、兄弟姐妹（阿波罗和狄安娜）以及情侣（维纳斯和马尔斯）。367 年，元老院元老维提乌斯·阿格留斯·普莱泰克斯塔乌斯（Vettius Agorius Praetextatus）重建了这座建筑。他是古罗马城的总督，是除皇帝以外最高级别的官员，也是异教皇帝尤利安的死党，深受皇帝信任。当教皇达玛苏斯一世（Pope Damasus Ⅰ）指责普莱泰克斯塔乌斯顽固的异教信仰时，他答道，如果达玛苏斯委任他为古罗马主教（也就是教皇）的话，他就会立刻改信基督教。在古代后期，权力和地位依然与过往一样重要。随着异教信仰最终的消亡，这座门廊的雕像由于蕴含着如此的象征性和内在价值，其命运也就可想而知了。门廊本身由于被彻底埋在碎石堆中而得以全部保存下来，这些瓦砾石碓是被大水从卡比托利欧山上冲下来堆积形成的。19 世纪 30 年代，人们再次发现了这座门廊。

　　在罗马广场同时能看到这两座明显的异教崇敬赞美性建筑物，对公众宗教信仰产生的影响应当是相当大的。这里距离元老院太近了，而在元老院里针对胜利之神的异教祭坛爆发了一场十分重要且有象征意义的激烈纷争，这场纷争持续了数十年。面对基督教实力不断增长的局面，这种长期不懈的斗争精神鼓舞着陷于困境的异教徒，使他们能鼓足勇气，迎接这样一种艰难的挑战，当然如果这种挑战持续不长该有多好。如今，我们回首异教与基督教的这场斗争，最后的获胜方毋庸置疑。屋漏偏逢连夜雨，皇帝出台的一轮又一轮法令大大削弱了异教信仰残存的余威和它的社会及经济基础。元老院祭坛（异教信仰和异教徒祭祀的化身）最后被格拉提安（Gratian）皇帝在 382 年撤走。尽管如此，异教还是要进行最后的挣扎。异教徒元老希玛楚斯（Symmachus）和米兰的主教安布罗斯（Ambrose）都向皇帝激昂陈情，前者坚持要恢复祭坛，后者则斩钉截铁地支持要永远撤销祭坛。最后，安布罗斯占了上风，这是对罗马异教信仰的一次重大打击。在 4 世纪 80 和 90 年代，狄奥多西一世（Theodosius）颁布了一系列的敕令，彻底剿灭了不受法令保护的异教信仰，异教的残余势力被迫转入地下活动。异教祭祀——通过焚香或血祭，首次被视为非法活动，频繁地光顾神庙和神殿也被禁止。393 年，任何形式的异教崇拜，无论是私人行为还是公共活动，全都遭到了查禁。还有对异教更加不利的形势。狄奥多西皇帝去世时指定他的两个儿子洪诺留（Honorius）和阿卡迪乌斯（Arcadius）分别统治东、西罗马，他作出的这个决定对于罗马帝国的命运生死攸关，从此以后，罗马帝国就再也没有统一起来。

不过，尽管异教信仰被取缔，但作为公民财产的各种地标性建筑物本身，却受到皇帝的保护，只要这些建筑不再与异教的祭坛有任何的勾连。此时，古罗马城的人口依然保持在 100 万左右，这座城市看起来更像一座皇城，而且实际上行使着首都的功能，但没有皇帝长期住在罗马城。东罗马皇帝常驻君士坦丁堡，西罗马皇帝则驻跸在更容易防御的拉文纳（Ravenna）城，该城位于意大利东北部。

不过，万事皆有变。4 世纪末和 5 世纪初，宗教、政治和军事上层出不穷的纷争使古罗马城区的建筑物唇亡齿寒，连带着遭了殃，人口也开始减少。410 年后，这个进程进一步加速，日耳曼西哥特（Germanic

Visigoths）人洗劫了古罗马城。有一些私人住宅和主要的公共建筑如元老院和埃米里亚方形会堂被毁坏，其中埃米里亚方形会堂的废墟至今依然展现出 1000 多年前被大火焚烧的明显痕迹，也从未再建过。

兵荒马乱之际，惊慌的古罗马人背井离乡。古罗马城除了遭受无情的浩劫，还对人们的心理和精神造成了巨大创伤，毕竟古罗马城是人们口口相传的永恒之城，永恒之城竟然遭此劫难，情何以堪！当下繁盛不再，民众身处绝境。当政的皇帝及其朝廷早已抛弃古罗马城，越来越多的贵族及其家人纷纷逃走了，因此这座城市很快就失去了存在的价值。雪上加霜的是，城内面临着断粮的危险，由于野蛮人的侵略，特别是汪达尔人攻陷了盛产谷物和橄榄油的重镇罗马帝国阿非利加（Africa）行省。食物供应对一座大规模的综合城市而言，其极端

萨杜恩神庙（中心）与和谐神门廊（左侧）。这些建筑物承载着异教信仰晚期的辉煌，但从君士坦丁时代的皇帝开始，全都是基督教建筑占据主导地位，这就不可避免地影响了罗马城的整体建筑全貌。源源不断的国库财富和各种特权都流向了基督教，基督教也逐渐走入了历史舞台的中央。就在这些最后的异教标志性建筑物重建后仅仅 25 年，异教信仰就被宣布为非法。

在此期间，第一批主要的公共建筑开始从历史记载中淡出。

重要性不言而喻。

410 年，古罗马城遭到西哥特人的洗劫。在之后的几十年内，城内的人口可能下降到了 50 万。大量的住宅——从豪华的公馆到经济公寓，都被遗弃了。普通民众开始向城市中心区集中，尤其是马尔提乌斯校场内歌功颂德式建筑物集中的区域。阿卡迪乌斯皇帝和洪诺留皇帝不得不颁布政令：任何人只要企图在马尔提乌斯校场，尤其（可能）是在现今大量神庙聚集的区域修建简易住房，将可能会面临被没收财产和遭到流放的处罚。逢此乱世，百姓的生计还不是唯一的难题。从 5 世纪初起，公众开始在城墙内修建各种墓地——这在古典时期简直不可想象（对异教徒来说，绝对是禁忌）。

从 5 世纪的中后期，考古学显示，大量泥土在某些纪念建筑所在的露天广场上堆积，也正是在这个时期，第一批主要的公共建筑（通常是异教建筑）开始从文字记录中淡出，包括奥古斯都的战神马尔斯·尤特神庙和韦斯巴芗和平神庙。后来更频繁、残酷的洗劫发生在 455 年和 475 年，这座城市的建筑全貌开始遭受大规模的蹂躏，城市人口更是随之暴跌到了大约 20 万，或者更少。由于时光岁月的侵蚀、大火和洪水的肆虐，大量建筑物被损坏。乱世中，很多建筑物得不到正常维修和保养，异教建筑或世俗建筑更是受到虐待。最终的结果是，有些史诗般的建筑物不得不沦为提供建筑材料的采石场。

基督教徒

在整个 4 世纪，历任皇帝——即使是傲睨一切的君士坦丁，也只敢在古罗马城墙内修建了一座教堂，即拉特兰诺圣乔瓦尼大教堂，后来修建的教堂都在他拥有的土地上。5 世纪，更多的教堂建了起来，很多像圣克莱门特大教堂（San Clemente）和圣乔瓦尼保罗大教堂（Santi Giovanni e Paolo）的教堂占据了中心地区。

圣母玛利亚大教堂

5 世纪，最壮观且保存完整的教堂是圣母玛利亚大教堂。方形会堂原本用于商业、法律事务和民众集会，但在基督教时代成了教堂的主要形式。圣母玛利亚大教堂虽然有许多变化，但形式和装饰仍保持着古罗马风格。再次使用的圆立柱组成了长长的侧廊，支撑着大教堂的主体结构。天花板用花格镶板构成，后用克里斯托弗·哥伦布（Christopher Columbus）从美洲带回的黄金镀在外层，还是古罗马的设计风格。侧廊的拱形天花板也如此设计，如同世俗的方形会堂。

圣母玛利亚大教堂在 432 年落成，叶形镶嵌画的扁带饰在中殿圆立柱上方连续卷成涡卷形，其上方的小镶板表现了《圣经·旧约全书》（Old Testament）的场景。这些镶嵌画细致地刻画了罗马帝国晚期的民众、城市风光，还有大量羊群。后建的教堂使用了更多拜占庭风格的半圆形拱顶附带建筑镶嵌画。全身镀上黄金，金光闪闪的耶稣基督和圣母玛利亚好像拜占庭的皇帝和皇后，众天使环绕在其身边，令人眼花缭乱。通过大量铺砌黄金、镶嵌画和大理石，圣母玛利亚大教堂金碧辉煌。这

教皇格列高利一世

古典的方形会堂变成了教堂的主要形式。

5 世纪，在罗马城修建了多座教堂，圣玛利亚大教堂是其中之一。此时异教信仰被取缔，诸多神庙被关闭。教皇强令将奥古斯都陵墓的一座方尖碑竖立到圣玛利亚大教堂的后面，试图通过它的纪念意义向世人宣示：基督教会就是罗马异教信仰当之无愧的继承者。

是新宗教的狂欢，展现了基督教后来至上的扬眉吐气。

圣母玛利亚大教堂的后面矗立着一座从奥古斯都陵墓中迁来的方尖碑。另一座方尖碑则屹立在奎里纳尔宫（Quirinal Palace）的正前方。在罗马帝国末期，奎里纳尔宫是权贵的住所，自然就成了历任教皇的寝宫。如今，意大利共和国的总统府设在这里。在圣玛利亚大教堂的前方，有一尊圣母玛利亚大雕像屹立在一尊 15 米高的圆立柱顶端。这尊圆立柱于 1614 年从马克森提乌斯方形会堂迁来，其基座上刻着铭文，记叙了教皇搬走了这尊"无人问津"的圆立柱，它曾在凯撒执政时期支撑了一座伪造的神的神庙，现在支撑着基督的圣母教堂。

这座方形会堂式的大教堂建造时，皇帝修建的多座雄伟方形会堂都还矗立在罗马广场上，如尤利亚、埃米

里亚和马克森提乌斯（君士坦丁）方形会堂，大部分还发挥着作用。然而所有这些建筑，再加上其他基督教大教堂都已损毁或改作他用。圣玛利亚大教堂却一直保留到了今天，成了探寻更古老甚至更宏伟壮观建筑物原始形态的一把钥匙。

5 世纪的罗马城发生了巨变，日耳曼人在这里施行"摄政统治"，西罗马末代皇帝罗慕路斯·奥古斯图鲁斯（Romulus Augustulus）在 476 年遭废黜、流放。470—530 年，罗马城被日耳曼哥特国王统治，其中之一是狄奥多里克大帝（Theoderic the Great）。尽管常驻在拉文纳，但他们尽力维护罗马城的建筑，复兴往日的荣耀。他们修缮了一些公共地标性建筑物，如大角斗场、剧场、浴池和城墙等。哥特国王还在大角斗场和大圆形竞技场举办娱乐活动，甚至在罗马广场附近保存一些真实尺寸的大象青铜雕像。狄奥多里克的秘书卡西欧多卢斯（Cassiodorus）记录了当时的情况。狄奥多里克统治时期，罗马人口可能不足 10 万，卡西欧多卢斯在记载中对丰碑式建筑物的规模感到震撼，对古罗马城早期众多人口感到惊讶。

拜占庭皇帝君士提尼安（Justinian）想方设法地推翻哥特人对罗马城的统治。530—550 年，双方爆发了哥特战争。在这场激烈、持久的战争中，罗马城遭到了围困和抢掠，生灵涂炭。战后，罗马城遭受了大瘟疫的肆虐。人口急剧下降到约 3 万，这实际上标志着古罗马时代的终结。尽管皇帝（来自君士坦丁堡）继续通过总督来实施统治，大权却旁落到了教皇的手里。教皇格列高利一世（Gregory I，在位时间：590—604 年）统治这座完全变了模样的城市，此时的罗马与 50 年前的相比，已经判若两地，原来的辉煌消失得无影无踪。

上图：凯旋拱门的这幅镶嵌画表现了圣城耶路撒冷，有 6 只绵羊或羊羔站在门前，可能是代表着基督耶稣的信徒。

对页图：圣母玛利亚大教堂的内饰。无论是从布局还是装饰来考量，这里都给人一种古罗马方形会堂大侧廊的感觉。在中殿里，有一些方形镶嵌画嵌板表现了《旧约全书》里的许多场景——此处是罗得（Lot）与亚伯拉罕（Abraham）分手时的画面，但人物身上穿的却是 5 世纪的服饰。

弗科斯
（在位时间：602—610 年）

到了弗科斯纪念柱竖起的年代，罗马城就是皇帝自身的影子。

608 年，最后一座地标性建筑正是在这种背景下落成于罗马广场。弗科斯纪念柱远远谈不上是精美的纪念性建筑，但它如此突出，常勾起人们的无穷兴趣。

弗科斯纪念柱

608 年，这座纪念柱的顶端被安放了一尊弗科斯的镀金青铜雕像。历史上，他曾断送了已坐稳的君士坦丁堡的皇位。这尊雕像由拜占庭总督斯玛尔拉格都斯（Smaragdus）树立，或许为了纪念弗科斯将万神庙当作礼物赠给教皇。柱基上的铭文记载，"为了纪念他的善良而带来的无尽恩惠，以及他带给意大利的平安祥和"而竖起了这座纪念柱 [他曾血洗君士坦丁堡，杀死皇帝莫里斯（Maurice）及其所有家庭成员，这与在罗马形成了鲜明对照]。仅仅过了两年，弗科斯就被废黜。他被剥得精光，拖着在罗马全城游街示众，然后开膛破肚、大卸八块。弗科斯纪念柱却保留了下来，获得某种神秘的地位。大诗人拜伦勋爵描述道："你那难以名状的纪念柱，还有那埋在地下的基座"，反映出当时水平面的升高。

弗科斯纪念柱高 15 米，用希腊大理石精心雕制，安放在一个阶梯状的大基座上，那些大理石选自其他建筑物用过的石材，石材的年代可追溯至 2 世纪，远远早于纪念柱落成的年代。这些石材当时可能来自其他建筑物，也可能原本就是一座圆立柱型的建筑，比如戴克里先纪念柱或君士坦丁纪念柱。

弗科斯纪念柱是已知在罗马城的最后一座重要的异教建筑物。608年，罗马总督落成了这座建筑物，向东罗马皇帝弗科斯献礼。那时已经不存在西罗马皇帝，元老院也没了踪影，罗马的人口直线下降到不足5万。罗马广场上的大部分建筑物和这座城市仍在苟延残喘。

到了弗科斯纪念柱竖起的年代，罗马广场宛如这座城市一样，就是皇帝自身的影子。这座改变了原有用途的雕像安放在为其他目的而改变的一尊圆立柱上，雕像和圆立柱象征性地坐落在罗马城曾经充满着勃勃生机的中心地带。无论从哪个意义上讲，这种格局都标志着这座城市的古代标志性建筑物时代的谢幕，而这种建筑恰恰是基督教会坚决反对的。

劫后余波

6—7 世纪，建设、修复和捐赠教堂的热潮如火如荼。然而罗马城的古代里程碑式建筑物已被元老们和皇帝们遗弃，被剥夺了真正的公共影响力。失去了社会背景，它们就失去了象征性的价值和意义。大部分罗马地标性建筑物受制于当时的社会，这些建筑如方形会堂和剧场被视为累赘，很有可能带来精神上的不良影响，甚至危害。所以它们逐渐衰败。

罕有的几幢建筑还在发挥着作用——譬如 6 世纪在乌尔匹亚方形会堂举办的演奏会，但这属于例外。其他建筑物以一种特殊的方式存在。在维斯塔之家，大量私人住房被密集修建；有一些整栋建筑被改建为教堂，比如元老院或万神庙，曾经的桂殿兰宫被强行霸占，如尤利亚方形会堂和维纳斯与罗马神庙。对于罗马的大部分重要建筑物，这是一段心酸历程，它们缓慢而笃定走向没落乃至末路。水火暴虐、地震肆虐，这些无情地破坏着这些建筑；被迫充当其他新建筑的石材场更使得它们难以为继。碎石堆、淤泥沙和火灾后的残骸，以及倾倒的大量垃圾等导致了地面抬升——在某些地区的地面会高出古罗马街道数米。

罗马城逐渐退化为古陌荒阡，有些地方成了农田。9 世纪，一位到访罗马的人可能会很惊奇地看到古罗马的大部分建筑保存完好，但这座空旷的城市非常破败。尤利乌斯·凯撒广场和涅尔瓦广场的柱廊都还保留着，甚至神庙基本上未受损害，不过此时每座建筑内都有一个小村庄，周围开辟了农田。朱庇特神庙还俯瞰着这座城市，但已满目疮痍。曾经的罗马广场占据着城市的心脏地带，现在成了"著名的"放牛场。

然而众多参观者和撰写游记的作家群体依旧对罗马这些里程碑式建筑感到惊奇。那些参观者通常去罗马

只要大角斗场屹立不倒，罗马就将屹立不倒。

——圣比德

朝圣。罗马帝国的皇帝们梦想着他们的建筑物能光耀千秋，甚至永垂不朽，有些皇帝将名字刻在他们修建的建筑物上，不甘心退出历史舞台。但18世纪的罗马不属于皇帝，也与元老院无关，是历任教皇的天下，更是无数罗马贵族大展宏图的舞台。

对于代表着罗马古代辉煌的这些遗迹，很少有忠实的捍卫者、保护者，除了一些具备启蒙思想的人，如拉斐尔。16世纪初，为修葺圣彼得大教堂，教皇命人四处搜罗建筑材料，古罗马的标志性建筑物当时就是现成的石料场，这意味着它们很难保存自身。随着中世纪和文艺复兴的到来，残酷的命运还在等待着它们。

尽管历经了无数次的遭弃、衰败和洗劫，但还有很多建筑幸存了下来。有些建筑，如万神庙，几乎不用修缮就能唤起人们对古罗马完整的回忆。那些只有一部分圆立柱保留了下来的建筑，虽然很难还原古罗马的情形，但是它们全都诉说着古罗马和皇帝的盖世辉煌。用拜伦勋爵的话说，"长眠者，虽然早已走进历史的故纸堆，权威依然至高无上，依然在他们的骨灰瓮里驾驭、统领着我们的精神"。

如果罗马城真是永恒之城，那么本书介绍的众多标志性建筑物完全能够铸就这个美名。8世纪的不列颠修道士比德把矗立在大角斗场旁边的大青铜雕像或巨像当作写作题材，我们可以把他的描述用到大角斗场及所有的古罗马史诗般的建筑物上："只要大角斗场屹立不倒，罗马城就将屹立不倒；一旦大角斗场坍塌，罗马城也将崩溃；如果罗马城衰败，世界将黯淡无光。"今天，大角斗场已败落，但罗马城还在，日月星辰依旧，世界仍然焕发着生机。

　　大约 1790 年，德国作家、政治家、科学家和旅行家约翰·沃尔夫冈·冯·歌德（Johann Wolfgang von Goethe）参观大角斗场遗址。在 18 世纪的欧洲，在任何身份或文化背景的"大游学"中，罗马及其史诗般的建筑物是必不可少的，这类游学大部分是男性参与的。他们目睹的遗迹混乱得不成样子，充满了荒诞甚至浪漫的氛围；古罗马的废墟被后建的建筑物所遮挡；很多古建筑凸立在空旷的农地里。那时，农田遍布在这座古城的大部分区域。蓦然回首残垣断壁，满眼荒凉的大角斗场，古罗马的辉煌和落魄尽在其中。

罗马规划平面示意图

今天罗马的面积远远大于古罗马城，灰色地块的边线是奥勒利安城墙（参见第241页）。此处标示的所有地标性建筑物现在均对观众开放。

① 朱庇特神庙

② 城市排水系统

③ 阿根廷广场

④ 赫丘利斯胜利者神庙

⑤ 台伯半岛

⑥ 塞斯提乌斯桥与法布里希乌斯桥

⑦ 共和国城墙（终点站）

⑧ 尤利乌斯·凯撒广场和广场上的女祖先维纳斯神庙

⑨ 元老院

⑩ 广场上的大讲坛

⑪ 尤利亚方形柱廊会堂

⑫ 奥古斯都协和神庙

⑬ 神圣尤利乌斯·凯撒神庙

⑭ 奥古斯都广场和战神马尔斯乌尔特神庙

⑮ 屋大维娅门廊

⑯ 马塞卢斯大剧场

⑰ 阿波罗·索西乌斯神庙

⑱ 奥古斯都陵墓

⑲ 奥古斯都和平圣坛

⑳ 盖乌斯·塞斯提乌斯金字塔

㉑ 大城门

㉒ 金色皇宫与尼禄巨像

㉓ 韦斯巴芗广场

㉔ 大角斗场

㉕ 提图斯拱门

㉖ 维斯塔之家

㉗ 图密善竞技场

㉘ 涅尔瓦广场

㉙ 图密善皇宫

㉚ 图拉真广场

㉛ 大圆形竞技场

㉜ 经济公寓

㉝ 维纳斯与罗马神庙

㉞ 万神庙

㉟ 哈德良陵寝与艾利亚斯桥

㊱ 神圣哈德良神庙.

㊲ 马可·奥略留皇帝骑马雕像

㊳ 马可·奥略留纪念柱

㊴ 维斯塔神庙

㊵ 金融家拱门

㊶ 卡拉卡拉大浴场

㊷ 奥勒利安城墙

㊸ 戴克里先公共浴场

㊹ 马克森提乌斯方形廊柱会堂

㊺ 君士坦丁拱门

㊻ 拉特兰诺圣乔瓦尼大教堂和圣乔瓦尼方尖碑

㊼ 萨杜恩神庙

㊽ 和谐诸神门廊

㊾ 圣母玛利亚大教堂

㊿ 弗科斯纪念柱

See inset

推荐阅读

非小说和参考资料

Aicher, Peter J., *Rome Alive: A Source Guide to the Ancient City* (Wauconda, IL: olchazy Carducci, 2004)

Angela, Alberto, *A Day in the Life of Ancient Rome* (New York: Europa Editions, 2009)

Beard, Mary, *SPQR: A History of Ancient Rome* (London: Profile Books, 2016)

Beard, Mary, *Emperor of Rome* (London: Profile Books, 2023)

Boardman John, Jasper Griffin and Oswyn Murray (eds), *The Oxford History of the Ancient World* (Oxford University Press, 1986)

Claridge, *Amanda, Rome* (Oxford Archaeological Guides; Oxford University Press, 2010)

Coarelli, Filippo, *Rome and Environs* (Berkeley, CA: University of California Press, 2007)

Connolly, Peter and Hazel Dodge,*The Ancient City: Life in Classical Athens and Rome* (Oxford University Press, 2000)

Davies, Penelope J. E.,*Architecture and Politics in Republican Rome* (Cambridge University Press, 2020)

DeLaine, Janet, *Roman Architecture* (Oxford University Press, 2023)

Dey, Hendrik, *The Making of Medieval Rome* (Cambridge University Press, 2021)

Dodge, Hazel, *Spectacle in the Roman World* (London: Bloomsbury, 2011)

Dolansky, Fanny and Stacie Raucci, *Rome: A Sourcebook on the Ancient City* (London:Bloomsbury, 2018)

Dyson, Stephen L., *Rome: A Living Portrait of an Ancient City* (Baltimore, MD: Johns Hopkins University Press, 2010)

Goodman, Martin, *The Roman World 44 BD–AD 180* (London: Routledge, 1997)

Hazel, John, *Who's Who in the Roman World* (London: Routledge, 2002)

Holland, Tom, *Pax: War and Peace in Rome's Golden Age* (London: Little, Brown, 2023)

Hornblower, Simon, Antony Spawforth,and Esther Eidinow (eds), *The Oxford Classical Dictionary*, 4th ed. (Oxford University Press, 2012)

Kelly, Chris, *The Roman Empire –A Very Short Introduction* (Oxford University Press,2006)

Knapp, Robert, *Invisible Romans –Prostitutes, Outlaws, Slaves, Gladiators, Ordinary Men and Women ... The Romans that History Forgot* (London: Profile Books, 2013)

La Regina, Adriano (ed.), *Archaeological Guide to Rome* (Milan: Mondadori Electa, 2004)

Lanciani, Rodolfo, *The Ruins and Excavations of Ancient Rome* (1897; Outlet, 1979)

Lanciani, Rodolfo, *The Destruction of Ancient Rome: A Sketch of the History of the Monuments* (1899; Creative Media, 2018)

Lane Fox, Robin, *Pagans and Christians* (London: Penguin, 1988)

Matyszak, Philip, *Chronicle of the Roman Republic* (London: Thames & Hudson, 2003)

Matyszak, Philip, *24 Hours in Ancient Rome: A Day in the Life of the People who Lived There* (London: Michael O'Mara, 2017)

Millar, Fergus, *The Emperor in the Roman World* (Bristol Classical Press, 1992)

Nicholls, Matthew and Luke Houghton,*30-Second Ancient Rome* (Lewes: Ivy Press, 2014)

Potter, David S., *The Roman Empire at Bay AD180–395* (London: Routledge, 2004)

Scarre, Chris, *Chronicle of the Roman Emperors* (London: Thames & Hudson, 1995)

Siwicki, Christopher, *Architectural Restoration and Heritage in Imperial Rome* (Oxford University Press, 2019)

Sorrell, Alan and Anthony Birley, *Imperial Rome* (Cambridge: Lutterworth Press, 1970)

Taylor, Rabun, Katherine W. Rinne and Spiro Kostof, *Rome: An Urban History from Antiquity to the Present* (Cambridge University Press, 2016)

Varriano, John, *A Literary Companion to Rome* (London: John Murray Press, 1992)

Woolf, Greg, *Rome: An Empire's Story* (Oxford University Press, 2012)

小说

Davis, Lindsey, *The Silver Pigs* (1989)

Davis, Lindsey, *Death on the Tiber* (2024)

Graves, Robert, I, *Claudius* (1934)

Harris, Robert, 'Imperium' trilogy: *Imperium* (2006), *Lustrum* (2009), *Dictator* (2015)

古代作品

Juvenal, *Satires*

Martial, *Epigrams*

Suetonius, *The Twelve Caesars*

插图来源

Endpapers: City plan of ancient Rome. Colour lithograph, from Encyclopaedia Britannica, 9th Edition (1875–1889), vol. 20,plate 6. National Library of Scotland, Edinburgh

2 Illustration © Gilbert Gorski; 6–7 Alan Sorrell Archive, no. 760.Artwork by Alan Sorrell © Ashmolean Museum, University of Oxford; 8 Watercolour by Jean-Claude Golvin. Musée départemental Arles Antique © Jean-Claude Golvin/Éditions Errance – Actes

Sud. Image created by Daniele Roa; 13 Alan Sorrell Archive, no. 764. Artwork by Alan Sorrell © Ashmolean Museum, University of Oxford; 14 Peter Connolly/akg-images. Image created by Daniele Roa; 16a Image created by Daniele Roa; 16b Photo © Paul Roberts; 17 Alan Sorrell Archive, no. 773. Artwork by Alan Sorrell © Ashmolean Museum, University of Oxford; 18–19 Photo Royal Academy of Arts, London; Photographer Prudence Cuming Associates Limited; 21 Photo Insidefoto di Andrea Staccioli/Alamy

Stock Photo; 22 Photo Carole Raddato/followinghadrian.com; 24–25 Rijksmuseum, Amsterdam; 26 Photo © Paul Roberts. Image created by Daniele Roa; 27 Photo © Adrian Constantinescu/Dreamstime.com; 28 Illustration Peter Bull. © Thames & Hudson Ltd;29a Photo WWE Pictures/Alamy Stock Photo; 29b Photo © Paul Roberts; 30–31 Alan Sorrell Archive, no. 782. Artwork by Alan Sorrell © Ashmolean Museum, University of Oxford;

32 Photo © Paul Roberts; 33 Photo © Sergio Simoes/Dreamstime.com; 34–35 Photo © Sfagnan/Dreamstime.com; 36 Alan Sorrell Archive, no. 780. Artwork by Alan Sorrell © Ashmolean Museum,University of Oxford; 37 Photo © Paul Roberts; 38 Photo Adam

Eastland/Alamy Stock Photo; 40 Photo Scala, Florence. Image created by Daniele Roa; 41 Photo RMN-Grand Palais /Dist.Photo SCALA, Florence; 42–43 Museo dei Fori Imperiali, Archivio Fotografico dei Museo dei Fori Imperiali. © Rome, Sovrintendenza Capitolina ai Beni Culturali; 44 Photo © Jolanta Wojcicka/Dreamstime.

com; 47 Prisma/Album/akg-images; 48 Photo © Jona Lendering/Livius.org; 49 Peter Connolly/akg-images;50 Photo © Paul Roberts; 52 Balage Balogh/archaeologyillustrated.com/akg-images. Image created by Daniele Roa; 54 The J. Paul Getty Museum, Villa Collection, Malibu, California, 78.AA.261. Digital image courtesy of Getty's Open Content Program. Image created by Daniele Roa; 55 Balage Balogh/archaeologyillustrated.com/akg-images; 56–57 Illustration © Gilbert Gorski; 59 Photo Bildarchiv Monheim/akg-images; 61 Illustration © Gilbert Gorski;62a Watercolour by Jean-Claude Golvin. Musée départemental Arles Antique © Jean-Claude Golvin/Éditions Errance – Actes Sud; 62b Photos Trustees of the British Museum, London;64 Illustration by Peter Bull. © Thames & Hudson Ltd;65, 66–67 Museo dei Fori Imperiali, Archivio Fotografico dei Museo dei Fori Imperiali. © Rome, Sovrintendenza Capitolina ai Beni Culturali; 68 Photo Hercules Milas/Alamy Stock Photo;69 The J. Paul Getty Museum, Villa Collection, Malibu, California,72. AA.106. Digital image courtesy of Getty's Open Content Program; 70 Photo DeAgostini Picture Library/Scala, Florence;71 Photo Fabrizio Troiani/Alamy Stock Photo; 73 Metropolitan Museum of Art, New York. Harris Brisbane Dick Fund, 1937,Acc. No. 37.45.3(51); 74–75 Photo Scala, Florence; 76 Photo Alinari/TopFoto; 77 Photo © Paul Roberts; 78 Photo Carole Raddato/followinghadrian.com; 79 Photo © Jamie Heath;80 Watercolour by Jean-Claude Golvin. Musée départemental Arles Antique © Jean-Claude Golvin/Éditions Errance – Actes Sud; 81 Photo © Jona Lendering/Livius.org; 82 Rainer Hackenberg/akg-images; 84–85 Photo © Tinamou/Dreamstime.com;86 Davide Montalenti/123RF.com; 86–87 Photo DeAgostini Picture Library/Scala, Florence; 89 Photo © Jona Lendering/Livius.org; 90–91 Photo Vito Arcomano/Alamy Stock Photo;92l Photo Carole Raddato/followinghadrian.com. Image created by Daniele Roa; 92r National Archaeological Museum, Naples. Photo Marie-Lan Nguyen. Image created by Daniele Roa;93 Photo Giovanni Rinaldi/Shutterstock.com; 94–95 Alan Sorrell Archive, no. 785. Artwork by Alan Sorrell © Ashmolean Museum,University of Oxford; 95 Photo © Jona Lendering/Livius.org;96–97 © JR. Casals; 98 Photo Giovanni Lattanzi; 99 Photo © Fine Art Images/Heritage Image Partnership Ltd/Alamy Stock Photo; 100 Photo Nicholas Gemini. Image created by Daniele Roa; 102l NY Carlsberg Glyptotek, Copenhagen. Photo Marie Lan Nguyen. Image created by Daniele Roa; 102r Museo Nazionale Romano (Palazzo Massimo alle Terme), Rome. Photo Scala, Florence –

courtesy of the Ministero Beni e Att. Culturali e del Turismo. Image created by Daniele Roa; 103, 105 Museo dei Fori Imperiali, Archivio Fotografico dei Museo dei Fori Imperiali.© Rome, Sovrintendenza Capitolina ai Beni Culturali; 107 Photo Scala, Florence – courtesy of the Ministero Beni e Att. Culturali e del Turismo; 108–09 Watercolour by Jean-Claude Golvin.Musée départemental Arles Antique © Jean-Claude Golvin/Éditions Errance – Actes Sud; 110 Photo © Ashmolean Museum,University of Oxford; 111 A. Dagli Orti/De Agostini/akg-images;113 Photo Artur Bogacki/iStock.com; 114 Photo Todis53/iStock.com; 115 Photo © Jona Lendering/Livius.org; 116 The J. Paul Getty Museum, Los Angeles, 85.XP.360.4. Digital image courtesy of Getty's Open Content Program; 117 Cleveland Museum of Art,Gift of the Reverend and Mrs. Danila Pascu, 1975.149; 118 Altes Museum, Staatliche Museen zu Berlin. Image created by Daniele Roa; 119 Photo DeAgostini Picture Library/Scala, Florence;120–21 Photo Aerial-motion/Shutterstock.com; 122 Courtesy of Sotheby's; 124–25, 126 Museo dei Fori Imperiali, Archivio Fotografico dei Museo dei Fori Imperiali. © Rome, Sovrintendenza Capitolina ai Beni Culturali; 127 Photo CCeliaPhoto/iStock.com;128–29 Photo Manuel Cohen/Scala, Florence; 130–31 3D irtual Reconstruction by ALTAIR4 MULTIMEDIA altair4multimedia.it;132 Photo © Jona Lendering/Livius.org; 133 Photo Carole Raddato/followinghadrian.com; 134 National Gallery of Art, Washington,Samuel H. Kress Collection, Acc. No. 1939.1.24. Courtesy National Gallery of Art, Washington. Image created by Daniele Roa;136 Photo Trustees of the British Museum, London. Image created by Daniele Roa; 137, 138–39 Museo dei Fori Imperiali,Archivio Fotografico dei Museo dei Fori Imperiali. © Rome,Sovrintendenza Capitolina ai Beni Culturali; 141 Photo Carole Raddato/followinghadrian.com; 142l Photo © Paul Roberts;142r Photo Carole Raddato/followinghadrian.com; 144 Photo simonaflamingni/123RF.com; 145 Museo dei Fori Imperiali,Archivio Fotografico dei Museo dei Fori Imperiali. © Rome,Sovrintendenza Capitolina ai Beni Culturali; 146–47 Photo Ivan Vdovin/Alamy Stock Photo; 148–49 Alan Sorrell Archive,no. 777. Artwork by Alan Sorrell © Ashmolean Museum,University of Oxford; 150 Photo G. Dagli Orti/De Agostini/Diomedia; 152–53 Photo © Elizabeth Beard/Getty Images;154 Photo Trustees of the British Museum, London. Image created by Daniele Roa; 155 Photo Vito Arcomano/Alamy Stock Photo;157 Photo Carole Raddato/followinghadrian.com; 158–59 3D Virtual Reconstruction by ALTAIR4 MULTIMEDIA altair4multimedia.it; 160 Photo Eric Vandeville/akg-images;161 Photo bloodua/123RF.com; 163 Photo Carole Raddato/followinghadrian.com; 164 Photo © Paul Roberts; 165 Photo VividaPhotoPC/Alamy Stock Photo; 166 Metropolitan Museum of Art, New York. Harris Brisbane Dick Fund, 1937, Acc. No.37.45.3(52); 168 Photo Scala, Florence; 169, 170–71 Photo Carole Raddato/followingh-

adrian.com; 172 Metropolitan Museum of Art,New York. Rogers Fund, 1969, Acc. No. 69.510; 174al Metropolitan Museum of Art, New York. Fletcher Fund, 1933, Acc. No. 33.11.3.Image created by Daniele Roa; 174ar, 174c Carole Raddato/followinghadrian.com. Images created by Daniele Roa; 174b Photo © Paul Roberts; 175 Photo Scala, Florence; 176 Photo Viacheslav Lopatin/123RF.com; 177 Metropolitan Museum of Art, New York.Harris Brisbane Dick Fund, 1941, Acc. No. 41.72(1.13); 179 Photo Aliaksandr Mazurkevich/Alamy Stock Photo; 180 Photo Adam Eastland/Alamy Stock Photo; 181 Rijksmuseum, Amsterdam;182 Photo Trustees of the British Museum, London. Image created by Daniele Roa; 183l Metropolitan Museum of Art,New York. Fletcher Fund, 1925, Acc. No. 25.78.90; 183r Photo Hervé Champollion/akg-images; 184 Galleria degli Uffizi,Florence. Photo DeAgostini Picture Library/Scala, Florence;185, 186, 187 Photos Scala, Florence; 188 Balage Balogh/archaeologyillustrated.com/akg-images. Image created by Daniele Roa; 190 Metropolitan Museum of Art, New York.Samuel D. Lee Fund, 1940, Acc. No. 40.11.1a. Image created by Daniele Roa; 191 Photo © Ruggero Arena; 192–93 3D Virtual Reconstruction by ALTAIR4 MULTIMEDIA altair4multimedia. it; 194l Photo jackai/123RF.com; 194r Photo © Jona Lendering/Livius.org; 195, 197 Photos © Paul Roberts; 198 Photo Erin abnik/Alamy Stock Photo; 200l Museo Civico Romano, Brescia.Photo DeAgostini Picture Library/Scala, Florence. Image created by Daniele Roa; 200r Archaeological Museum, Istanbul, Turkey.Photo DeAgostini Picture Library/Scala, Florence. Image created by Daniele Roa; 201 Alan Sorrell Archive, no. 759. Artwork by Alan Sorrell © Ashmolean Museum, University of Oxford;202 Photo © Giuseppe Di Paolo/Dreamstime.com; 204 Photo BAMSphoto/Scala, Florence; 205 Metropolitan Museum of Art,New York. Harris Brisbane Dick Fund, 1941, Acc. No. 41.72(1.86);206–07 Artwork by Alan Sorrell © Thames & Hudson Ltd;208 Photo Scala, Florence – courtesy of the Ministero Beni e Att.Culturali e del Turismo; 210 Skulpturensammlung, Staatliche Kunstsammlungen Dresden, Germany. Photo Elke Estel/Hans Peter Klut. Photo Scala, Florence/bpk, Bildagentur für Kunst.

Kultur und Geschichte, Berlin. Image created by Daniele Roa;211 Photo © Natalia Volkova/Dreamstime.com; 212–13 Balage alogh/archaeologyillustrated.com/akg-images; 214 Photo © Ruggero Vanni/Getty Images; 215 Photo © Jona Lendering/Livius.org; 216 Metropolitan Museum of Art, New York.Gift of Helen and Janos Scholz, 1958, Acc. No. 58.648.2(41).Image created by Daniele Roa; 218 Photo by Carole Raddato/followinghadrian.com. Image created by Daniele Roa; 219 Photo Sergej Borzov/ 123RF; 220a, 220b Photos Carole Raddato/followinghadrian.com; 221 Photo Carole Raddato/followinghadrian.com; 222 Photo Scala, Florence; 223 Photo Andrea Jemolo/Scala, Florence; 225 Rijksmuseum, Amsterdam;226 Photo im-

索引

谨将此书献给我亲爱的姐姐安妮。没有她的全力支持，这本书就不会著就。还要献给我已故的姐姐谢拉，我所有关于意大利的知识都是从她那里得到的。谢谢！

致谢

这里我要首先表达对亲爱的姐姐安妮·霍姆斯的万分感谢之情！要把一份薄薄的 10 页纸罗马旅游简介写成一部专著，的确绝非易事。姐姐安妮·霍姆斯凭借着她的高超本领和无尽的耐心，鼓励我，使我最终完成了这个挑战，而这个挑战对我而言是那样高不可攀。她与她的伴侣罗杰·查布一道，花费了大量时间诠释（简直就是翻译！）我那手写的附加笔记和注解。就本书的写作而言，我还要向泰晤士 & 哈德逊公司（Thames & Hudson）的卓越团队表达我发自内心的感激之情：科林·里德勒非常了不起，他首先鼓励和引导着我，构思这本书的写作；本·哈耶斯 和英蒂亚·杰克逊的工作十分严谨细致，同时又善解人意；埃玛·巴尔敦的专业眼光犀利而睿智；波利娜·胡布纳、达妮埃莱·罗亚和罗伯特·希思发挥了炉火纯青的技能，最终帮助我完成了这部书的撰著。在写作的初期阶段，卡罗琳·琼斯发挥了她充满魔力的编辑本领；在成书的最后阶段，克丽丝·西维茨基作为一位古罗马专家，非常爽快诚恳地乐于帮我进行全书的统稿，使我避免出现一些愚蠢的错误——本书出现的任何疏漏和错误，均由我本人承担责任。在进行研究的过程中，我的罗马好友们热情欢迎我。给我的帮助实在是太大了：罗马的英国学校，尤其是斯蒂芬·凯及其家庭成员。我特别还要向已故的海伦·帕特森及其丈夫菲利波·夸雷利表示衷心的谢意。我亲爱的姐姐谢拉已经永远离开了我，是她第一个激发了我对意大利的痴迷，她生前一直全力以赴地鼓励我，引起我的兴趣。最后，我还要感谢我的丈夫理查德·蒂尔布鲁克，他就是我一切的支柱，支持我，为我遮风挡雨，一直关心着写作进展，他对我写作的支持也就是对我全部的支持！